Inhalt

KNAUR

Über die Autorin:
Kristina Vaillant, Jahrgang 1964, studierte Publizistik und Kunstgeschichte. Von 1999 bis 2005 war sie wissenschaftliche Mitarbeiterin beim Deutschen Bundestag. Heute arbeitet sie als freie Journalistin in Berlin, schreibt über Themen aus Wissenschaft und Forschung und ist Expertin für sozialpolitische Fragen. 2010 erschien ihr Reportageband »Ideen täglich. Wissenschaft in Berlin«, 2014 veröffentlichte sie gemeinsam mit Christina Bylow das Buch »Die verratene Generation«.

4
Was andere Länder besser machen

5
Soziale Sicherheit im Alter – ein Bürgerrecht

Grußwort von Rita Süssmuth

Als ich 1985 das Amt der Bundesministerin für Jugend, Familie und Gesundheit (ab 1986 zusätzlich für Frauen) antrat, erlebte Deutschland die Auseinandersetzung mit ungelösten Problemen der Familienmütter. Ihre Leistungen in Erziehung und Pflege wurden im Rentenrecht nicht anerkannt. Es gab weder Kindergeld noch familienergänzende Betreuung und Bildungsförderung in Krippen oder Kitas.

Ich bin in die Politik gegangen, weil ich meine Erkenntnisse in der Familien-, Frauen- und Kinderforschung wenigstens zum Teil umsetzen wollte. Deshalb warb ich als Familienministerin für die bessere Vereinbarkeit von Familie und Beruf, setzte mich für Rentenansprüche für Pflegende ein und erhob Einspruch gegen die Einführung befristeter Arbeitsverträge. Durchsetzen konnte ich die Anerkennung von Kindererziehungszeiten in der gesetzlichen Rentenversicherung für eine Generation von Frauen, die die Weltkriege durchlitten und Kinder ohne jegliche finanzielle Unterstützung aufgezogen hatten. Das gelang mir mit Unterstützung der Sozialverbände und der Bürgerinnen und Bürger – sie hatten körbeweise Postkarten geschrieben, um die Anerkennung von Erziehungsleistungen im Rentenrecht durchzusetzen. Hart war der Widerstand des Bundeskanzlers und des Finanzministers wegen der mit dieser Forderung verbundenen Kosten. Aber sie wurde durchgesetzt. Ein wichtiger Erfolg.

Was damals ein politischer Erfolg war, ist aus heutiger Sicht familienpolitisch unzureichend. Denn auch wenn die Berufstätigkeit von Frauen mittlerweile selbstverständlich, wenn Frühförderung in Kindergärten gesellschaftliche Normalität ist und mit »Familie« längst nicht mehr nur verheiratete Paare mit Kindern gemeint sind – die beruflichen Aufstiegschancen für Frauen mit Kindern sind nach wie vor voller Barrieren, ihre soziale Absicherung durch Teilzeit- und Minijobs überhaupt nicht gegeben. Die Folge: Zu viele Alleinerziehende und ältere Frauen rutschen in die Sozialhilfe.

So ist eines der größten ungelösten Probleme heute die Alterssicherung von Frauen. Sie fallen durch das Raster eines Rentensystems, das nur lebenslang Vollzeitbeschäftigten und Gutverdienenden eine auskömmliche Rente verschafft. Das Risiko der Altersarmut lässt sich nicht länger verdrängen. Es ist nicht mehr wegzudiskutieren, gerade für die Frauen der geburtenstarken Jahrgänge, für die familienpolitische Initiativen wie der Rechtsanspruch auf einen Kindergartenplatz zu spät kamen. Abhilfe kann letztlich nur eine Grundrente schaffen. Eine Leistung, die es in anderen europäischen Ländern gibt, die aber unser Rentensystem bisher nicht vorsieht.

Eigentlich wollte ich mich erst aus der aktiven Politik verabschieden, wenn die Frage der Alterssicherung von Frauen gelöst ist. Nun muss die nächste Generation den Mut aufbringen, sich von (Renten-)Systemen zu verabschieden, die nicht mehr zeitgemäß sind. Ein würdevolles Leben im Alter für alle Frauen, das darf kein Traum bleiben. Solche notwendigen Veränderungen sind möglich, das gehört zu den wichtigsten Erfahrungen meines politischen Lebens. Und ich wünsche mir, dass dieses Buch dazu beiträgt.

Prof. Dr. Rita Süssmuth,
Bundesministerin und Bundestagspräsidentin a. D.

Vorwort

Rentenpolitik ist ein kompliziertes Thema. So kompliziert, dass selbst Bundeskanzlerin Angela Merkel das Thema am liebsten aus dem Bundestagswahlkampf 2017 heraushalten würde. Es wird ihr nicht gelingen. Das Thema ist auf bestem Weg, als große Zukunftsaufgabe die sozialpolitische Debatte zu bestimmen. Denn die Rente ist für viele zu einer existenziellen Frage geworden: für Hunderttausende, die schon jetzt von einer Rente leben müssen, die für ein Alter in Würde nicht reicht. Die auf Spenden angewiesen sind, wenn die Waschmaschine kaputtgeht, oder ihre Verabredung absagen müssen, weil schon der Kinobesuch ein Luxus ist, den sie sich nicht leisten können. Bedrückend ist auch die Sorger derer, die befürchten müssen, dass ihre Rente, wenn sie sich in zehn oder zwanzig Jahren aus dem Arbeitsleben verabschieden, höchstens zum Überleben reichen wird.

Als Journalistin habe ich mir das Thema Rente nicht ausgesucht, es war gar nicht zu vermeiden! Als ich vor einigen Jahren mit der Arbeit an dem Buch »Die verratene Generation. Was wir den Frauen in der Lebensmitte zumuten«[1], begann, war gerade eine Studie erschienen, die erstmals die Rentenerwartungen der Frauen der geburtenstarken Jahrgänge prognostizierte: 40 Prozent der Frauen in den alten Bundesländern und 20 Prozent in den neuen Bundesländern erwarten eine Zahlung von maximal 600 Euro aus der Rentenkasse. Dieses Ergebnis war niederschmetternd, andererseits war es keine Überraschung. Denn mit diesen Zahlen schien nun objektiv belegt, was viele Frauen dieser Generation, mit denen ich gesprochen hatte, jetzt – in der

Mitte ihre Lebens – spürten: Ernüchterung. Ernüchterung darüber, dass das Versprechen der Gleichberechtigung zwischen Mann und Frau, mit dem sie in Ausbildung und Beruf aufgebrochen waren, an vielen Hürden zerschellt war. Das Revival eines längst überwunden geglaubten Familienbildes – hier die sorgende Ehefrau ohne große berufliche Ambitionen, dort der beruflich gut situierte Familienernährer – hatte dazu ebenso beigetragen wie der politische Unwille, diese Familienkonstellation endlich als Maß aller Dinge auch aus der Steuerpolitik (Stichwort Ehegattensplitting), der Arbeitsmarktpolitik (Stichwort Minijob) und der Sozialpolitik (Rente!) zu vertreiben.

Mit dem Buch war ich seit 2014 regelmäßig zu Lesungen und Vorträgen unterwegs – in kleineren Großstädten wie Saarbrücken oder Bremen, meistens aber in Mittelstädten wie Detmold oder Wertheim, in denen die meisten Menschen in Deutschland leben. Hier bekam das Thema Rente mehr Aufmerksamkeit, als ich erwartet hatte. Gleichstellungsbeauftragte, Gewerkschaften, kirchliche Organisationen und Bürgervereine baten immer wieder darum, dass ich das »Rentenkapitel« lese. Sie wussten, was die Besucher interessieren würde. Denn auch in den anschließenden Diskussionen zeigte sich: Die Rentenfrage – genauer, die Frage der mageren Renten – brennt den Frauen in Deutschland unter den Nägeln.

Manche Gespräche haben mich sehr berührt. Die Rentnerin im niedersächsischen Westerstede etwa, die berichtete, sie habe zwei Berufe gelernt, drei Kinder großgezogen, sei immer berufstätig gewesen und könne sich nun nicht einmal einen Cafébesuch leisten. Aber auch die Frau, die mir nach Ende der Veranstaltung beim Hinausgehen freudestrahlend zurief: »Zum Glück habe ich einen gut verdienenden Unternehmer geheiratet!« Sie schien erleichtert, ja siegesgewiss.

Besonders bewegt hat mich die Begegnung mit einer Mutter in Saarbrücken. Sie kam zusammen mit ihrer Tochter nach der Lesung auf mich zu und berichtete, sie habe sich den Eintritt zur Veranstaltung von ihrem Arbeitslosengeld abgespart, denn sie wolle ihrer Tochter zeigen, wie die Welt für Frauen in Deutschland wirklich aussieht. Die Tochter steckte mitten in ihrer Ausbildung zur Erzieherin, wünschte sich für die Zukunft Kinder und hatte schon vor Augen, dass sie als Mutter dann auch beruflich kürzertreten würde. Welche Konsequenzen das später für sie haben könnte, dieses Wissen wollte die besorgte Mutter ihrer Tochter mit auf den Weg geben. Eine Art »soziale Aufklärung« für ein Frauenleben in Deutschland.

Seit dem Frühjahr 2016 haben wir eine neue Rentendebatte. Angestoßen von einer Studie des WDR, die jedem zweiten, der im Jahr 2030 aus dem Berufsleben ausscheidet, eine Rente auf Sozialhilfeniveau vorhersagt. Die Aussagekraft dieser Studie wird von vielen angezweifelt. Dass sie trotzdem eine Debatte anfachte, ist allein schon ein Indiz dafür, dass die WDR-Journalisten viel von dem ans Licht bringen, was Rentnern, aber vor allem Rentnerinnen in Zukunft blühen könnte. Die Frage, wie gerecht unser Rentensystem ist, wird seitdem in allen wichtigen Talkshows diskutiert.

In den Medien wird aber nicht nur über die berichtet, die in Deutschland mit den schmalen Renten leben müssen. Die Betroffenen kommen auch selbst zu Wort. Zu einiger Prominenz brachte es die Reinigungskraft Susanne Neumann. Sie heizte dem SPD-Vorsitzenden Sigmar Gabriel, nachdem sie bei Anne Will zu Gast gewesen war, auf einem SPD-Kongress Anfang Mai 2016 in Berlin kräftig ein. Nüchtern und zugleich eindringlich schilderte sie, wie die schlechten Arbeitsbedingungen in ihrer Branche zusammen mit dem Rentensystem dafür gesorgt hatten, dass sie nach jahrzehntelanger Arbeit und nachdem sie zwei Kinder großgezogen hatte, nun mit Ende fünfzig mit einer Rente dasteht, die sie zum Fall für das Sozialamt macht. Die SPD kam nicht gut weg – nicht weil Susanne Neumann gegen die SPD wäre, sondern weil die in der Gewerkschaft engagierte Putzkraft die Sozialdemokraten immer für ihre Verbündeten gehalten hatte.

Auch ein anderer Frauentypus hatte in den Fernsehdebatten seinen Auftritt – keinen wahrhaftigen, nur einen virtuellen. Es war die berühmte »Arztgattin«. Dass der hart arbeitenden »Putzfrau« nicht nur Sozialhilfe, sondern auch eine richtige Rente zusteht, für diesen Gedanken scheinen sich mittlerweile die meisten Politiker erwärmen zu können. Unbedingt verhindern müsse man aber, dass die »Arztgattin«, die vielleicht »nur« halbtags als Arzthelferin in der Praxis ihres Ehemannes angestellt ist, in den Genuss einer Rente kommt. Rente gibt es nur gegen Leistung – heißt es dann von allen Seiten.

Es ist interessant zu beobachten, dass das Bild der berufstätigen Frau, wenn es um die Rente geht, auf Putzkräfte und Arztgattinnen beschränkt bleibt. Was ist mit den Millionen anderen Frauen? Auch von ihnen erwarten viele kleine Renten. Aber nur wenige sind bereit, öffentlich darüber zu sprechen. Denn wenn Frauen viele Jahre ihres Lebens in die Ausbildung und viel Energie in das berufliche Fortkommen investiert haben, kostet sie es sehr viel Mut einzugestehen, dass auf ihrer Renteninformation trotzdem nur eine dreistellige Summe steht, die zum Leben kaum reichen wird. Und manche rechnet sich die bittere Bilanz, die die Rentenversicherung zieht, als persönliches Versagen an.

Die Journalistin und Autorin Gabriele Riedle, die für ihre vielfach ausgezeichneten Reportagen die Krisenregionen der Welt bereist hat, brachte diesen Mut auf. In einem offenen Brief an ihren Arbeitsgeber gab sie im November 2014 ihrer Sorge und ihrer Wut darüber Ausdruck, was ihr bevorsteht, wenn sie, wie angekündigt, entlassen wird.[2]

»Selbst wenn ich meinen Arbeitsplatz nicht verlöre, würde meine Rente wohl nur sehr knapp reichen. Denn erstens bekomme ich keine Betriebsrente, zweitens hatte ich in meinem ganzen Leben, ähnlich wie viele Frauen, insgesamt nur rund drei Jahre eine volle Stelle (...). Und bei diesen Einkommen blieb auch sonst nichts übrig. Nichts für Ersparnisse, Eigentumswohnungen etc., Erbe habe ich auch keines, keine Familie mit minimalem Geld und auch keinen Gatten mit Einkommen oder Vermögen. Wenigstens zahle ich bisher regelmäßig in eine private Rentenversicherung ein. Das werde ich mir nach einem Arbeitsplatzverlust auch nicht mehr leisten können. Kurz: Ich marschiere geradewegs in die Altersarmut.«

Die Regeln der gesetzlichen Rentenversicherung sind so klar wie gnadenlos: Wer nicht mindestens 45 Jahre durchschnittlich gut verdient, hat kaum Aussichten auf eine existenzsichernde Rente. Das trifft in Deutschland in erster Linie Frauen, vor allem diejenigen, die zusätzlich zum Beruf für andere sorgen, die sich um Kinder kümmern und Alte pflegen. Sorgenfrei sind nur die Spitzenverdiener. Auch eine Beamtenversorgung führt in der Regel in den sprichwörtlichen »wohlverdienten Ruhestand«. Wir haben in Deutschland inzwischen ein Drei-Klassen-System der Altersversorgung, in dem für Frauen häufig nur die 3. Klasse vorgesehen ist – das ist die Wahrheit über das deutsche Rentensystem.

Mit diesem Buch möchte ich keine Angst schüren, ich möchte Mut machen, Mut, sich in die Debatte über unser Rentensystem einzumischen. Gleichzeitig ist es ein Plädoyer für eine solidarische, gemeinschaftlich organisierte Rentenversicherung. Diese Idee, das Existenzrisiko des Alters nicht als Privatsache zu betrachten, sondern es als Gesellschaft gemeinsam zu tragen, wurde vor über 125 Jahren in Deutschland geboren. Die gesetzliche Rentenversicherung ist eine grandiose zivilisatorische Errungenschaft. Nur die Spielregeln müssen sich dringend ändern – damit alle etwas davon haben.

Berlin, im Juni 2016

Einleitung: Warum Altersarmut weiblich ist

Eine halbe Million Zuschauer lernten sie kennen, als der gleichnamige Film 2012 in die deutschen Kinos kam: Paulette. Eine Französin, die sich wegen ihrer kleinen Rente auf dem Wochenmarkt mit anderen Kunden um billiges Gemüse streitet und die Zuwanderer-Familien in der Nachbarschaft für ihr Unglück verantwortlich macht. Einst betrieb sie mit ihrem Mann ein Restaurant in der Stadt, das lief irgendwann nicht mehr gut, der Ehemann starb. Nun reicht ihre kleine Rente nicht aus, jedenfalls nicht für ein würdiges Leben.

Den Ausweg aus der Misere guckt sie sich in der Nachbarschaft ab. Sie fängt an, so wie einige Jugendliche in der Vorstadtsiedlung, mit Marihuana zu dealen, und macht ihnen mit ihrem Geschäftssinn bald die Kunden streitig. Dann kommt ihr der Zufall zu Hilfe: Ihr Enkel mischt versehentlich das in der Küche verwahrte Haschisch in den Kuchenteig! So kommt sie auf die glänzende Idee, den Drogenhandel mit ihrer Leidenschaft fürs Backen zu verbinden. Ihre Space-Cakes finden auf der Straße reißenden Absatz, später verkauft sie von ihrer Wohnung aus appetitlich angerichtete »Financier Ganja« und »Baiser Drogue«. Am Ende des Films eröffnet sie, ganz legal, ein Café in Amsterdam. Der Geschäftserfolg bringt ihr nicht nur Wohlstand und Anerkennung – er lässt auch wieder die warmherzige Seite in ihr erstrahlen. Sie hat keinen Grund mehr, ihre Nachbarn misstrauisch zu beäugen oder den Schwiegersohn abzulehnen, nur weil er eine andere Hautfarbe hat.

»Paulette« ist die typisch französische Kino-Erzählung einer wahren Begebenheit, einer gesellschaftlichen Realität.

Leicht, heiter und von absurdem Witz getrieben, drückt sie sich nicht davor, ein Problem beim Namen zu nennen: Altersarmut trifft vor allem Frauen.

Die deutsche Variante wird nicht im Kino erzählt, sondern beim Fernseh-Themenabend »Armut und Verschuldung«, den die ARD im Oktober 2015 ausgestrahlt hat. In der Spielfilmproduktion »Auf der Straße« spielt Christiane Hörbiger die Rolle der Hanna Berger, einer kurz vor der Rente stehenden Frau, die nach dem Tod ihres Ehemannes ihre Rechnungen nicht mehr bezahlen kann. Weil er ihr nur Schulden hinterlassen hat und sie ihre Arbeit als Friseurin wegen des gemeinsamen Kindes vor vielen Jahren aufgegeben hat. Sie verliert die Wohnung und landet bald auf der Straße. Die Hilfe des Sozialamts schlägt sie aus. »Ich bin doch keine Invalidin, ich kann doch arbeiten gehen, ich suche nur eine Wohnung«, sagt Hanna Berger, als die Sozialamtsmitarbeiterin ihr mitteilt, dass das Amt jetzt, wo sie auf Grundsicherung angewiesen sei, aufgrund der Gesetzeslage prüfen müsse, ob man sich das Geld nicht von der Tochter holen könne. Die Drehbuchautoren haben genau recherchiert. Wer Grundsicherung im Alter beantragt, weil die Rente nicht reicht, aber noch nicht das offizielle Renteneintrittsalter erreicht hat, dessen Kinder sind verpflichtet, Unterhalt zu zahlen.

Auch diese Filmerzählung hat ein Happy End, wenn auch kein witzig-grandioses wie bei »Paulette«. Hanna Berger nähert sich ihrer Tochter, mit der sie jahrelang keinen Kontakt hatte, langsam wieder an und akzeptiert schließlich ihre Hilfe. Sie zieht bei der Tochter ein und kann bald ein neues, wenn auch bescheidenes Leben in einer eigenen Wohnung beginnen – in einer Vorstadtsiedlung. Die Erzählung endet an einem Ort, der dem ähnlich ist, an dem Paulettes Geschichte beginnt.

Wer regelmäßig Fernsehen schaut, dem musste der von

Hanna Berger verkörperte Dreiklang »weiblich – alt – arm« bekannt vorkommen. Schon Jahre vor der Ausstrahlung dieses Films haben viele Frauen in Talkshows berichtet, wie es ist, wenn sie als Rentnerin putzen gehen müssen, weil sie nicht über die Runden kommen. In der Talkshow »Ackern im Alter – wenn die Rente nicht reicht« war bereits im September 2012 die Frankfurterin Maria Watt zu Gast bei Anne Will und erzählte, wie sie um 3 Uhr in der Früh aufsteht, um die Büros in einem der Frankfurter Bankentürme zu putzen. Die 65-Jährige tut es, weil die Zahlung der gesetzlichen Rentenversicherung nicht reicht: 634 Euro – obwohl sie 36 Jahre lang Beiträge eingezahlt hat. Trotzdem, sie liebt ihre Arbeit. Aber die Zukunft macht ihr Angst: Was passiert, wenn sie nicht mehr kann?

Noch im Sommer 2011 hatte die Bundesregierung das Problem hartnäckig geleugnet: »Nein, Altersarmut ist heute kein verbreitetes Phänomen. Wer im Alter bedürftig ist, dem sichert die Grundsicherung im Alter den Lebensunterhalt«, lautete die Antwort der damaligen CDU/FDP-Regierung auf eine Anfrage der Opposition. Doch die Ignoranz der Regierung konnte eine öffentliche Debatte nicht verhindern. Nach den zahlreichen Rentenreformen, meist Rentenkürzungen, die die Regierungsparteien seit den neunziger Jahren durchgesetzt hatten, war klar, dass die Zahlungen der gesetzlichen Rentenkasse nicht mehr 70 Prozent, sondern einen immer geringer werdenden Teil des Lohns ersetzen würden. Und der forsche Optimismus, dass die mit der Riester-Reform 2002 eingeführte, staatlich geförderte Privatvorsoge diese Lücke schließen würde, war nach der Finanz- und Wirtschaftskrise 2007 auch gebrochen. Meist wurde die Rentendebatte geschlechterneutral geführt, so, als ob Männer und Frauen gleichermaßen betroffen wären. Aber es waren schon damals Frauen, die in den Medien der Altersarmut in Deutschland ein Gesicht gaben.

Die Geschichten, die die Frauen erzählen, ähneln sich. Ein Leben lang waren sie berufstätig. Sie haben ihren Lebensunterhalt als Verkäuferinnen, als Friseurinnen, als Sachbearbeiterinnen oder selbständige Hebammen verdient und einen Teil ihres Lohns in die gesetzliche Rentenversicherung eingezahlt. Neben ihrem Beruf haben sie meistens noch Kinder großgezogen – im Westen des Landes ohne eine zuverlässige öffentliche Kinderbetreuung, wie sie heute vielerorts eine Selbstverständlichkeit ist. Viele Frauen haben finanziell für sich selbst gesorgt und darüber hinaus auch noch Verantwortung für andere übernommen. Von der Leistungslogik unseres Wirtschafts- und Sozialsystems her betrachtet, haben sie alles richtig gemacht – trotzdem bekommen sie jetzt die Quittung: Renten, von denen sie nicht leben können. Wenige sind bereit, öffentlich darüber zu sprechen. Aus Scham verschweigen sie, zum Teil sogar gegenüber Familienangehörigen, wie es um ihre wirtschaftliche Lage bestellt ist. Dass sie sich keinen Besuch im Café leisten können oder auf Spenden angewiesen sind, wenn die Waschmaschine kaputt ist.

Die Zahlen sprechen für sich: Fast sieben Millionen Rentnerinnen beziehen nach Auskunft der Deutschen Rentenversicherung eine eigene Rente von maximal 750 Euro. Das sind über zwei Drittel aller Rentenbezieherinnen in den alten Bundesländern und 40 Prozent der Rentnerinnen in den neuen Bundesländern.[1] Nicht jede Rentnerin ist deshalb arm. Aber magere Renten wie diese sprechen der Lebensleistung von Frauen Hohn. Dabei ist weibliche Altersarmut für unsere Gesellschaft eigentlich keine neue Erfahrung. In den unmittelbaren Nachkriegsjahren und bis weit in die fünfziger Jahre hinein reichten die Renten der Kriegswitwen häufig nicht für ein würdiges Leben und selbst in den für die meisten Bundesbürger von Existenzsorgen freien siebziger Jahren war Altersarmut nicht verschwunden. Eine

Untersuchung zeigte seinerzeit, dass bis zu einem Fünftel der Alten von einer monatlichen Rente lebten, die unter dem Sozialhilfesatz lag. Acht von zehn waren Frauen. Man sprach von verschämter Altersarmut, weil viele Rentner aus Scham den Gang zum Sozialamt scheuten. Auch damals, so berichtet Otker Bujard, einer der Autoren der Studie,[2] hätten Experten versucht, das Problem kleinzureden: Es handele sich um ein Nachkriegsphänomen, das sich »auswachsen« werde.

Nichts hat sich ausgewachsen. Wenn Frauen im Alter keine anderen Einkommensquellen haben als die selbst erwirtschaftete, auf Basis ihrer Beiträge berechnete monatliche Zahlung der gesetzlichen Rentenversicherung, leben sie oft am Rande des Existenzminimums. Rentnerinnen in Deutschland bekommen laut dem aktuellen Rentenversicherungsbericht nach Abzug von Beiträgen zur Kranken- und Pflegeversicherung durchschnittlich 583 Euro Rente im Monat ausgezahlt. Das ist nur etwa halb so viel wie die durchschnittliche Rentenzahlung von 1006 Euro, die Männer erhalten.[3] Eine Rentenlücke von fast 50 Prozent. In keinem anderen europäischen Land und auch nicht unter den 34 OECD-Mitgliedsstaaten ist ein Land zu finden, in dem diese geschlechterspezifische Rentenlücke größer ist als in Deutschland. Wir sind spitze, wenn es um Rentenungerechtigkeit zwischen den Geschlechtern geht.

Liegt die gesetzliche Rente unter 780 Euro, empfiehlt die Deutsche Rentenversicherung ihren Versicherten den Gang zum Sozialamt. Dort können Rentner laut Sozialgesetzbuch »Grundsicherung im Alter« beantragen. Eine Leistung des Sozialstaats, die aufgrund von *Bedürftigkeit* gewährt wird – und nicht weil Bürger ein *Recht* darauf hätten oder weil sie sie im Laufe ihres Lebens »verdient« hätten. »Nicht geschenkt, sondern verdient«, mit diesem Slogan hatte Arbeits- und Sozialministerin Andrea Nahles bei der letzten Rentenreform 2014 die abschlagsfreie Rente mit 63 den Wählern schmackhaft gemacht. Für die Grundsicherung gelten andere Regeln. Nicht verdient, sondern gnädigerweise als Almosen gewährt. Und diese Regeln gelten bei sinkendem Rentenniveau für immer mehr Menschen, heute und in Zukunft.

Eine halbe Million Rentner bezieht in Deutschland »Grundsicherung im Alter«. Das ist ein Anstieg um 30 Prozent innerhalb der letzten zehn Jahre.[4] Aber nicht nur wer Sozialhilfe bezieht, ist von Armut betroffen. Auch wer Alterseinkünfte knapp über Grundsicherungsniveau hat oder seine Minirente mit einem Minijob aufstockt, um dem Sozialamt zu entgehen, ist von Armut betroffen. Nach Angaben des Paritätischen Gesamtverbandes ist auch der Anteil der Rentner, die von weniger als 60 Prozent des mittleren Einkommens leben, in den letzten zehn Jahren nach oben geschnellt: von gut 10 Prozent im Jahr 2005 auf heute über 15 Prozent.[5]

Mehr als die Hälfte der Grundsicherungsbezieher im Rentenalter sind Frauen. Viele, die aufgrund ihrer geringen Renten einen Anspruch auf Grundsicherung hätten, verzichten auf das Almosen und suchen sich lieber einen Minijob, um ihre niedrige Rente aufzustocken. Vermutlich ist das der Grund dafür, dass parallel zur Zahl der Grundsicherungsbezieher auch die Zahl der Rentner mit Minijob geradezu explodiert ist. Seit dem Jahr 2000 hat sie sich fast verdoppelt. Im März 2015 zählte die Minijob-Zentrale mehr als 900 000 Rentner mit Minijob.

Die wechselnden Bundesregierungen, die die Rentenreformen der letzten beiden Jahrzehnte zu verantworten haben, haben die niedrigen Rentenzahlungen an Frauen in Deutschland weitgehend ignoriert. Ihren engagierten Worten in Koalitionsverträgen haben sie keine Taten folgen lassen – abgesehen von kleinen Verbesserungen wie der Anerkennung von Erziehungszeiten für Kinder, die vor 1992 geboren wurden. Solche Maßnahmen gehen aber in vielen Fällen am Ziel vorbei, weil sie genau den Frauen nicht zugutekommen, die wegen ihrer niedrigen Renten am dringendsten auf die »Mütterrente« angewiesen sind. Denn wer Grundsicherung im Alter beantragt, der bekommt die »Mütterrente« nicht etwa obendrauf, die Rentenbeträge für Erziehungszeiten werden auf die Grundsicherung angerechnet, also gestrichen, genauso wie die staatlich geförderten Privatrenten.

Niemals aber haben Rentenpolitiker die rekordverdächtig niedrigen Renten für Frauen in Deutschland als Argument dafür gelten lassen, dass mit unserem Rentensystem etwas nicht stimmen kann. Ein Rentensystem, das am Ende eines Arbeitslebens eine höchst ungerechte Bilanz zieht und viele Frauen in die Armut stürzt. Das Problem: Ein Frauenleben in Deutschland verträgt sich nicht mit demjenigen des »deutschen Eckrentners«, und dieser ist das statistische Idealmaß der Deutschen Rentenversicherung. Der Eckrentner hat 45 Jahre Vollzeit-Erwerbstätigkeit zu einem Durchschnittslohn hinter sich und bekommt derzeit etwa 1300 Euro im Monat dafür. Mit anderen Worten: Wer nach seiner Ausbildung nicht kontinuierlich sozialversicherungspflichtig beschäftigt war, mindestens einen durchschnittlichen Stundenlohn (derzeit etwa 17 Euro) verdient hat und immer in Vollzeit beschäftigt war, muss mit beträchtlichen Einbußen rechnen. Wer diese Norm nicht erfüllt, rutscht mit der Rente unter das Niveau des »Eckrentners«. Das sind die Regeln des deutschen Rentensystems. Erwerbszentriert und leistungsorientiert, heißt das im Fachjargon. Solidarität mit denen, die am Arbeitsmarkt weniger erfolgreich sind? Gibt es nach den aktuellen Regeln des Rentenrechts nicht. Nach und nach wurde das Solidaritätsprinzip in der gesetzlichen Rentenversicherung zurückgedrängt – zugunsten des

Leistungsprinzips. Aber wessen Leben ist schon verlaufen wie das des »deutschen Eckrentners«? Das der meisten Frauen in Deutschland jedenfalls nicht. Eine durchschnittlich oder gar überdurchschnittlich gut bezahlte Dauer-Vollzeit-Stelle haben die wenigsten. Erst recht nicht, wenn sie Kinder bekommen. Danach arbeiten die meisten Frauen halbtags. Oft genug notgedrungen, denn etwas anderes gibt der Arbeitsmarkt häufig gar nicht her.

Anstatt aber anzuerkennen, dass der Fehler im System liegt, haben Rentenpolitiker alles dafür getan, das daraus resultierende Risiko für Frauen, im Alter arm zu sein, zu verharmlosen. Wer eine kleine Rente bekommt, hat ja sicher noch die des Ehemanns, und wenn der stirbt, können Frauen darüber hinaus mit einer Witwenrente rechnen.

Diesen zynischen Verweis auf einen etwaig vorhandenen »Ernährer« öffentlich auszusprechen, wird heute kein Politiker mehr wagen. Unausgesprochen liegt diese Argumentation dennoch der aktuellen Rentenpolitik zugrunde. Warum sonst redet das Bundesarbeitsministerium in seinem Rentenversicherungsbericht die großen Unterschiede in den Zahlbeträgen der Rentenkasse an Frauen und Männern ausgerechnet mit dem Argument klein, sie würden »durch zusätzliche Einkünfte oder das Einkommen des Ehepartners ausgeglichen«?[6]

Das Leitbild der »Versorgerehe« bestimmt noch immer darüber, für wen Rentenpolitik gemacht wird. Das zeigen auch die jüngsten Reformen. Von der abschlagsfreien Rente mit 63 profitieren vorwiegend Männer, die wegen langer Beitragszeiten und kontinuierlicher Vollzeit-Berufstätigkeit sowieso eine gute Rente erwarten. Das sind die Prioritäten der deutschen Rentenpolitik.

Nur ein knappes Drittel der fast zwölf Millionen Rentnerinnen[7] bezieht aber neben der eigenen Altersrente auch noch eine Hinterbliebenenrente. Kommen Frauen in den

Genuss dieser »abgeleiteten Ansprüche«, wie es im Rentendeutsch heißt, hebt das ihre Alterseinkünfte derzeit tatsächlich auf das vierstellige Niveau der durchschnittlichen Renten, die Männer erhalten. Allerdings haben zwei Drittel, also die überwiegende Mehrheit der Rentnerinnen, diese aus der Rentenkasse finanzierte Zusatzeinnahme nicht. Ihre Rentenzahlung beläuft sich auf durchschnittlich 588 Euro.

Das Bundesarbeitsministerium spricht neben dem »Einkommen des Ehepartners« von weiteren »zusätzlichen Einkommen«, die die niedrigen Rentenzahlbeträge für Frauen angeblich ausgleichen würden. Damit dürften in erster Linie Betriebsrenten und Zahlungen aus privaten Rentenversicherungen gemeint sein, die sogenannte zweite und dritte Säule der Alterssicherung. Das private Sparen für die Rente wird seit 2001 durch das Altersvermögensergänzungsgesetz staatlich gefördert. Aber taugen diese Zusatzeinnahmen wirklich dazu, den Abstand zwischen den hohen Renten von Männern und Frauen in Deutschland zu verkleinern oder gar zu schließen?

Keineswegs. Die Antwort liefert eine Studie des Bundesministeriums für Familie, Senioren, Frauen und Jugend von 2011. Darin haben Wissenschaftler im Auftrag des Ministeriums den »Gender-Pension-Gap«, also die geschlechtsspezifische Rentenlücke in Deutschland, berechnet und dafür neben der gesetzlichen Rente auch Ansprüche aus der Beamtenversorgung, aus berufsständischen Versicherungen, der betrieblichen Zusatzversorgung und den privaten Rentenversicherungen berücksichtigt. Bei Anrechnung dieser Einkunftsarten beziehen Frauen sogar um fast 60 Prozent niedrigere Alterssicherungseinkommen als Männer. Frauen verfügen wesentlich seltener über Betriebsrenten, weil diese im Dienstleistungssektor und in kleinen Unternehmen, wo überdurchschnittlich viele Frauen arbeiten, weniger üblich sind als in der Industrie. Und wenn Frauen über solche Versicherungen verfügen, dann erhalten sie daraus geringere Zahlungen als Männer. Auch wenn sich die Studie auf Erhebungen von 2007 und nicht auf aktuelle Zahlen stützt wie der Rentenversicherungsbericht, ist die Tendenz eindeutig: Zusatzversorgungen sind für heutige Rentnerinnen keine nennenswerte Einnahmequelle.

Und wie steht es um die künftige Generation der Rentenbezieherinnen? Wenn die knapp sieben Millionen Frauen der geburtenstarken Jahrgänge 1958 bis 1968 in den nächsten zehn bis zwanzig Jahren in Rente gehen, könnte eine Lawine weiblicher Altersarmut auf uns zurollen. Denn etwa ein Drittel dieser Frauengeneration, mehr als zwei Millionen Frauen, erwartet Renten von maximal 600 Euro.

Anfang 2012 hatten zwei Sozialwissenschaftlerinnen der Freien Universität Berlin eine Studie vorgelegt, die erstmals die Rentenerwartungen der Frauen der geburtenstarken Jahrgänge in den Blick nahm. Wider Erwarten stellten sie fest, dass die hochgerechneten durchschnittlichen Renten dieser Frauen mit einem Plus von knapp 100 Euro nur unwesentlich über den Renten liegen, die Frauen der Geburtsjahrgänge 1947 bis 1951 erhalten, von denen die meisten schon heute Rentnerinnen sind. Und das, obwohl die Frauen der geburtenstarken Jahrgänge wesentlich höhere Bildungsabschlüsse erreicht haben und zu über 80 Prozent berufstätig sind.

Berechnungen des Deutschen Instituts für Wirtschaftsforschung (DIW) zeigen darüber hinaus, dass die Rentenlücke zwischen den Geschlechtern – zumindest in den westlichen Bundesländern – keinesfalls schrumpfen wird. Mit anderen Worten: Millionen von Frauen der Babyboomer-Generation, gut ausgebildet und überwiegend berufstätig, werden mit ihren niedrigen Renten womöglich auf Grundsicherung angewiesen sein: eine Fürsorge-Leistung des Sozialstaats, die eigentlich für den Notfall vorgesehen ist. Das soziale Netz, das einen auffängt, wenn alle anderen Stricke gerissen sind.

Halten wir also fest: Frauen in Deutschland bekommen nur etwa halb so viel Rente wie Männer. Auch wenn die Frauen der Babyboomer-Generation in zehn bis zwanzig Jahren in Rente gehen, wird diese Lücke nicht wesentlich kleiner sein. Nur in den neuen Bundesländern, wo der Abstand schon heute nur halb so groß ist, wird sie voraussichtlich weiter schrumpfen. Bleibt also alles beim Alten – bei der Einkommenslücke zwischen den Geschlechtern und einem erbarmungslosen Rentensystem, das diese Unterschiede nicht ausgleicht, sondern – im Gegenteil – noch verstärkt?

1
Kein Schicksal – wie Arbeitsmarkt und Rentensystem Altersarmut produzieren

Das Wort Versicherung kommt von sicher. Und sicher sein bedeutet so viel wie »ohne Sorgen leben«, »außer Gefahr sein«. Eine Rentenversicherung ist dazu da, die Gefahr der Altersarmut abzuwenden. Würde man meinen. In Deutschland war das tatsächlich das vorrangige Ziel, als die Altersversicherung 1889, vor über 125 Jahren, Gesetz wurde. Damals eine bahnbrechende Sozialreform, die anderen europäischen Ländern zum Vorbild wurde. Ende der fünfziger Jahre, als Konrad Adenauer Kanzler der Bundesrepublik war, machte er aus der Rente nach dem Bismarckschen Modell eine Versicherungsleistung, die mehr bieten wollte als nur Schutz vor Armut. Ein Lohnersatz sollte sie den Versicherten sein, der ihnen auch im Alter mehr oder weniger denselben Lebensstandard ermöglicht, den sie während ihres Arbeitslebens genossen hatten. Auch Rentner sollten ein Stück von der Torte abbekommen, die das Wirtschaftswunder dem Land beschert hatte.

Inzwischen ist auch das Geschichte. Von der Vorstellung einer Rente als Lohnersatz hat sich der Gesetzgeber verabschiedet: Durch die verschiedenen Gesetzesänderungen seit den neunziger Jahren hat er das Rentenniveau dramatisch abstürzen lassen: Von 70 Prozent des Durchschnittseinkommens auf 64 Prozent Ende der neunziger Jahre, heute liegt das Rentenniveau bei 48 Prozent, und es wird bis 2030 voraussichtlich unter 45 Prozent sinken. Die gesetzliche Rente verliert sukzessive ihren Charakter als Lohnersatz.

Das bekommen diejenigen stärker zu spüren, die noch nicht so lange in Rente sind, vor allem aber zukünftige Rentnerinnen und Rentner werden davon betroffen sein.

Die Ersten, bei denen die Reformen in vollem Umfang greifen, sind die geburtenstarken Jahrgänge: etwa 13 Millionen Männer und Frauen, die zwischen den späten fünfziger bis sechziger Jahre geboren wurden. Der geburtenstärkste Jahrgang 1964 wird der erste sein, der anstatt mit 65 erst mit 67 Jahren im Jahr 2031 in Rente geht. Dann wird das Rentenniveau mit 43 Prozent auf einem neuen Tiefpunkt angelangt sein, das heißt, die Standardrente wird dann nur noch 43 Prozent des durchschnittlichen Einkommens betragen. Wer weniger verdient und nicht mindestens 45 Jahre einzahlt, landet noch weit unter diesem offiziell als Rentenniveau bezeichneten Wert.

Mit der Abschaffung der Lohnersatz-Idee sind Deutschlands Rentenpolitiker von einem grundlegenden Prinzip des deutschen Rentenversicherungssystems abgewichen. Was aber unangetastet blieb, ist die enge Anbindung der Rentenhöhe an Einkommen und Lebenslauf. Nur wer ununterbrochen in Vollzeit berufstätig war und 45 Jahre lang mindestens das von der Rentenversicherung ermittelte Durchschnittseinkommen erzielt hat (im Jahr 2015 waren das 35 000 Euro), kommt in den Genuss der deutschen Standardrente. Die Erwerbsbiografie des »Eckrentners« ist das Maß aller Dinge in der Rentenversicherung. Wer sie zum Stichtag 1. Juli 2015 erfüllt hat, darf mit einer Rentenzahlung von 1314 Euro rechnen. In den neuen Bundesländern beträgt die deutsche Standardrente 1217 Euro. Von diesem Brutto-Betrag gehen dann noch Beiträge zur Kranken- und Pflegeversicherung ab, außerdem ist ein wachsender Teilbetrag zu versteuern – ab dem Jahr 2040 die volle Rentenzahlung, nur der Grundfreibetrag bleibt dann noch, so wie bei berufstätigen auch, steuerfrei.

Die Figur des »deutschen Eckrentners« ist keine Fiktion der gesetzlichen Rentenversicherung, sie ist eine statistische Norm, an der sich alle messen lassen müssen: Für jedes Jahr Erwerbstätigkeit bekommt der Eckrentner genau einen Entgeltpunkt auf seinem Rentenkonto gutgeschrieben, der je nach Bundesland seit der letzten Rentenerhöhung im Frühjahr 2015 27,05 Euro (Ost) beziehungsweise 29,21 Euro (West) wert ist. Multipliziert man diesen Rentenwert mit den geforderten 45 Beitragsjahren ergibt sich daraus die Standardrente.[1] Der heutige Eckrentner hat wesentlich weniger in der Tasche als früher in der Lohntüte, aber immerhin, der Betrag erlaubt, die Lebenshaltungskosten im Alter zu decken. Er reicht für ein bescheidenes Leben.

Mit der Wirklichkeit hat die Biografie des Eckrentners jedoch wenig zu tun. Heutige Rentner kommen im Durchschnitt gerade einmal auf 33 Beitragsjahre (ohne die mitzuzählen, die vor dem 65. Lebensjahr ausgeschieden sind und Erwerbsminderungsrenten bekommen). Der Unterschied zwischen den Geschlechtern ist gewaltig: Männer zahlen im Durchschnitt 40 Jahre lang ein, Frauen nur 28. Die Beitragszeiten für Kindererziehung (»Mütterrente«) sind darin bereits enthalten.[2] Und jedes Jahr, in dem das Einkommen eines Beitragszahlers unterhalb des Durchschnitts liegt, wird mit weniger als einem Entgeltpunkt bewertet. Liegt es darüber, werden Entgeltpunkte über 1 auf dem Rentenkonto gutgeschrieben. Logisch, dass sich mit Teilzeitarbeit und unterdurchschnittlichen Gehältern in Deutschland nicht genügend Entgeltpunkte für eine existenzsichernde Rente erarbeiten lassen.

Die Biografie des Eckrentners – kein Standard für Frauen

Die meisten Frauen in Deutschland können von der deutschen Standardrente nur träumen. Warum? Weil die Arbeitsbiografie des Eckrentners für ein Frauenleben in Deutschland eine Ausnahme ist. Das war nicht nur zu Adenauers Zeiten der Fall, auch heute ist eine solche Biografie für Frauen alles andere als die Regel. In den Nachkriegsjahrzehnten waren Frauen in Westdeutschland am Herd erwünscht, aber nicht am Arbeitsmarkt. Die Berufstätigkeit von Frauen wurde von Familienpolitikern in Kalter-Kriegs-Manier als »Sowjetisierung der Frau« gegeißelt. Wer den gesellschaftlichen Erwartungen zum Trotz arbeiten ging, musste damit rechnen, wesentlich weniger zu verdienen als die männlichen Kollegen. Erst nach 1975 kletterte die Erwerbstätigkeit von Frauen in der alten Bundesrepublik auf über 50 Prozent. Sie wurde damit selbstverständlicher, wenn auch noch lange keine Normalität.

In den neunziger Jahren waren auch im Westen Deutschlands Frauen auf dem Arbeitsmarkt endlich willkommen. Die Erwerbsquote war mittlerweile auf 62 Prozent gestiegen. Was nicht heißt, dass die Berufstätigkeit von Frauen für alle schon eine Selbstverständlichkeit gewesen wäre. Dem einen oder anderen westdeutschen Politiker war sie weiterhin ein Dorn im Auge. Der CDU-Politiker Kurt Biedenkopf, dessen Karriere mit der Wende noch einmal richtig Fahrt aufnahm, er war von 1990 bis 2002 Ministerpräsident in Sachsen, machte den Frauen in den neuen Bundesländern ihre »ausgeprägte Erwerbsneigung« sogar zum Vorwurf. Sie seien mit diesem Verhalten schuld an der hohen Arbeitslosigkeit. Sehr enge Grenzen spürten im Westen vor allem nach wie vor jene Frauen, die kleine Kinder hatten. Nur wer in Großstädten wie Hamburg oder Berlin lebte, konnte mit

Glück einen der raren Kindergartenplätze ergattern, der eine Berufstätigkeit erlaubt. Andernorts in den alten Bundesländern entließen die Kindergärten ihre Schützlinge in der Regel pünktlich um 12 Uhr, noch vor dem Mittagessen, in die Obhut der Familie, meist der Mütter. Eine Nachmittagsbetreuung in der Schule war die Ausnahme. Aber diese Betreuungsmisere war nur *eine* Hürde – die andere war der Arbeitsmarkt selbst.

In den achtziger und neunziger Jahren, als sich die gut ausgebildete Generation der Babyboomer auf Arbeitsplatzsuche begab, zeigten sich bereits die Auswirkungen einer strukturellen Krise, die in den siebziger Jahren eingesetzt hatte. Die Wirtschaftsentwicklung war – nach dem Wirtschaftswunder der Nachkriegszeit – spürbar gebremst, steigende Arbeitslosigkeit die Folge. So verlief der Übergang von der Ausbildung ins Berufsleben für die geburtenstarken Jahrgänge selten glatt. Die Konkurrenz auf dem Arbeitsmarkt war besonders groß, eine Anstellung auf Lebenszeit nicht mehr die Regel.

So konnte es passieren, dass selbst eine mit Auszeichnung promovierte Physikerin auf dem Arbeitsmarkt nicht richtig Fuß fassen konnte. Obwohl Gabriele R.[3] beruflich nie längere Zeit ausgesetzt hatte, auch nicht nach der Geburt der beiden Kinder, wechselten sich in den ersten zehn Jahren ihrer Berufstätigkeit Phasen als Freiberuflerin mit befristeten Arbeitsverträgen ab. Das Durchhaltevermögen, das die junge Frau an den Tag gelegt hatte, wurde schließlich belohnt. Allerdings erst spät. Den ersten unbefristeten Anstellungsvertrag bekam sie 2014 – kurz nach ihrem fünfzigsten Geburtstag.

Blieben Frauen bei ihren Kindern zu Hause, dann wurden daraus meist viele Jahre. Kindererziehungszeiten werden zwar seit 1986 in der Rente berücksichtigt: Derzeit gibt es zwei Entgeltpunkte für Kinder, die vor 1992 geboren wurden, und drei Entgeltpunkte für Kinder, die danach zur Welt kamen. Wer aber mehr als drei Jahre zu Hause bleibt, erwirbt in dieser Zeit in der Rentenkasse keine nennenswerten Ansprüche mehr. Und je länger die berufliche Auszeit dauert, desto schwieriger wird es, einen Job zu finden. Auch heute noch gelingt der Einstieg nach einer längeren Pause meist nur über Mini-Teilzeitjobs, die nicht existenzsichernd sind, kaum Aufstiegschancen bieten und mit denen sich schon gar keine ausreichende Rente erwirtschaften lässt.

Für Frauen in den neuen Bundesländern waren Vollzeit-Berufstätigkeit und Familie zwar kein kaum aufzulösender Widerspruch. Das zu DDR-Zeiten aufgebaute, flächendeckende Netz von Betreuungseinrichtungen für Kinder – von der Krippe bis zum Schulhort – ersparte ihnen die Entweder-oder-Entscheidung. Außerdem galt es als schlichte Selbstverständlichkeit, auch als Mutter berufstätig zu sein. Eine Haltung, die sich auch bei Arbeitgebern und Vorgesetzten längst durchgesetzt hatte. Diese günstigen Voraussetzungen änderten aber nichts daran, dass seit der Vereinigung der beiden deutschen Staaten auch viele Frauen in den neuen Bundesländern begannen, in Teilzeit zu arbeiten. Befragungen des Instituts für Arbeitsmarkt und Berufsforschung (IAB)[4] zeigen, dass sie im Vergleich zu Frauen aus den alten Bundesländern seltener familiäre oder private Gründe dafür angeben. Die eigentliche Ursache ist: Frauen in den neuen Bundesländern finden schlicht keine Jobs, die näher an die 40-Stunden-Woche heranreichen. Und vielen, die nach der Wiedervereinigung arbeitslos wurden, insbesondere denen, die schon um die fünfzig waren, hatte der Arbeitsmarkt oft nicht mehr das »Regelarbeitsverhältnis« zu bieten, das die Rentenversicherung als Norm voraussetzt.

Arbeit ist nicht gleich Arbeit

Inzwischen sind in Deutschland fast ebenso viele Frauen berufstätig wie Männer. Die drei Millionen Arbeitnehmer, die der deutsche Arbeitsmarkt in den letzten fünfundzwanzig Jahren hinzugewonnen hat, gehen allein auf das Konto der Frauen. Sie haben ihre Erwerbstätigkeit enorm ausgebaut. Waren Anfang der neunziger Jahre nur 62 Prozent berufstätig, sind es inzwischen 73 Prozent, ein Spitzenwert in Europa. Großbritannien liegt mit einer Frauenerwerbstätigenquote von 71 Prozent knapp darunter, in Frankreich gehen genau zwei Drittel der Frauen einer Arbeit nach, der Abstand zu den Männern ist aber mit knapp 10 Prozent etwa gleich groß wie in Deutschland. Nur in Schweden sind mit fast 76 Prozent noch mehr Frauen berufstätig. Allerdings, und darin unterscheidet sich Deutschland von allen anderen zuvor genannten Ländern, arbeitet in Deutschland fast jede zweite Frau in Teilzeit.[5] Schon mit Mitte zwanzig ist es jede dritte, ab Mitte dreißig ist jede zweite Frau in Deutschland nur noch in Teilzeit berufstätig. Und nur selten ist das eine existenzsichernde 30-Stunden-Stelle, viel häufiger arbeiten Frauen halbtags oder in Mini-Teilzeit unter 20 Wochenstunden. Das hat nicht nur ein niedrigeres Einkommen, sondern auch geringere Aufstiegschancen zur Folge.

Arbeit ist also nicht gleich Arbeit. Nicht nur was die Zahl der Arbeitsstunden angeht. Frauen arbeiten in Deutschland außerdem in Berufen, die seltener überdurchschnittlich und häufiger unterdurchschnittlich bezahlt werden. Alles zusammen genommen, addieren sich diese Unterschiede zu einer Lohnlücke von 22 Prozent zwischen Männern und Frauen. Eine der größten in Europa. Und jeder Euro, der weniger verdient wird, ist eine doppelte Abstrafung der Frauen. Denn er mindert auch die Zahl der Entgeltpunkte, den die gesetzliche Rentenversicherung auf dem persönlichen Rentenkonto gutschreibt. Jedes Jahr, in dem das Bruttoeinkommen unterhalb des Durchschnitts liegt, wird mit weniger als einem Entgeltpunkt bewertet.

Besonders verheerend wirkt es sich auf die Rente aus, wenn Frauen noch weit weniger als halbtags ihrem Beruf nachgehen, wenn sie geringfügig beschäftigt sind. Das sind die Minijobberinnen, die bis zu 450 Euro monatlich verdienen dürfen und das Heer der Servicekräfte und Dienstleisterinnen stellen – in Hotels, Supermärkten und Kaufhäusern, in Alten- und Pflegeheimen. Die Minijobzentrale meldete am 30. September 2015 knapp sieben Millionen Minijobs. Weil manche Arbeitnehmer notgedrungen zwei Minijobs annehmen, liegt die Gesamtzahl dieser Arbeitsverhältnisse sogar bei mehr als sieben Millionen.

Auch wenn die Zahl der sozialversicherungspflichtigen Arbeitsplätze seit einigen Jahren langsam, aber stetig steigt, noch immer ist jede fünfte Stelle in Deutschland ein Minijob. Weit über die Hälfte, gut 60 Prozent aller Minijobs, werden von Frauen erledigt. Etwa die Hälfte der Minijobber ist 45 Jahre alt oder älter. 2013 wurde für Minijobber zwar eine Rentenversicherungspflicht eingeführt. Doch das klingt besser, als es in Wirklichkeit ist. Von der Pflicht können sich Minijobber auf Antrag befreien, was die meisten auch tun. Das ist nicht verwunderlich, denn bei den Rentenansprüchen, die aus Minijobs erwachsen, kann es sich allenfalls um eine Handvoll Euro pro Arbeitsjahr handeln. Und wenn Frauen einen Minijob im Privathaushalt haben, müssen sie den gesetzlichen Rentenbeitrag von 18,7 Prozent auch noch fast ganz allein von ihrem Mini-Gehalt tragen, der Arbeitsgeber übernimmt nur 5 Prozent, so will es das Gesetz. Nur 17 Prozent der knapp sieben Millionen Minijobber sind daher überhaupt rentenversichert. Der gesetzlichen Rentenversicherung entgehen damit Jahr für Jahr

Einnahmen für Abermillionen geleisteter Arbeitsstunden, Minijobber werden um ihre Renten gebracht.

Frauenberufe ohne Absicherung

Ein gutes Beispiel dafür, wie sich die Qualität eines Arbeitsplatzes auf die Rente auswirkt, ist die Pflegebranche. Die Fachkräfte, die in Deutschland Kinder betreuen, Kranke und Alte pflegen, sind überwiegend Frauen. Haben sie eine Vollzeitstelle, verdienen sie im Durchschnitt zwischen 2190 (Altenpflege) und 2490 Euro (Erzieherinnen) brutto, bei OP-Schwestern oder -Pflegerinnen können es etwas über 3000 Euro sein – aber nur bei einer Vollzeitstelle.[6] Die hat aber nur die eine Hälfte, die andere Hälfte der Pflegekräfte hat Teilzeitstellen oder Minijobs.[7] In der Altenpflege sind es sogar mehr als zwei Drittel. Ist es bei diesen Gehältern schon schwierig, das Niveau der deutschen Standardrente zu erreichen, ist es bei Teilzeitarbeit ganz und gar ausgeschlossen. Dabei ist die Nachfrage nach Arbeitskräften gewaltig. Pflege und Gesundheit gelten als Wachstumsbranchen, und Pflegekräfte werden immer wichtiger für unsere alternde Gesellschaft. Aber allein die Tatsache, dass Arbeitskräfte händeringend gesucht werden, hat die Lage nicht verbessern können. Frauen in der Pflege leisten eine gesellschaftlich ungemein wertvolle Arbeit – und werden bei der Rente betrogen.

Untypisch – und trotzdem die Regel

Was für die Pflege- und Gesundheitsbranche gilt, gilt für den Arbeitsmarkt in Deutschland insgesamt: Er wächst. Es gibt mehr Erwerbstätige und auch mehr Stellen. Aber dieses

Plus geht ausschließlich auf das Konto von Teilzeitarbeitsplätzen. Ablesen lässt sich das am Verhältnis der geleisteten Arbeitsstunden zur Zahl der Erwerbstätigen. Seit den neunziger Jahren hat die Zahl der Erwerbstätigen zwar zugenommen, weil immer mehr Frauen auf den Arbeitsmarkt streben, vor allem sind mehr Mütter berufstätig. Der Umfang der geleisteten Arbeitsstunden ist allerdings gegenüber den frühen neunziger Jahren unverändert. Mit anderen Worten: Immer mehr Erwerbstätige teilen sich einen gleichbleibend großen Kuchen an Arbeitsstunden. Die Folge: Immer mehr Frauen sind zwar berufstätig, aber immer mehr arbeiten Teilzeit.

Liegt die wöchentliche Arbeitszeit unter zwanzig Stunden, sprechen Arbeitsmarktexperten von »atyptischer Beschäftigung«. Diese Art von Erwerbtätigkeit, zu der auch befristete Stellen, Zeitarbeit oder 450-Euro-Jobs gehören, ist seit den neunziger Jahren auf dem Vormarsch. 2013 arbeitete rund jeder Fünfte in einem solchen Beschäftigungsverhältnis, unter den weiblichen Erwerbstätigen war es jede Dritte. Für Frauen ist ein solcher Arbeitsplatz also keine Ausnahme, sondern eher die Regel. »Atypische« Arbeitsplätze gehen häufig mit geringen Gehältern einher. Deshalb sind Frauen in Deutschland im Niedriglohnsektor, wo Stundenlöhne unter 10 Euro gezahlt werden, auch überproportional vertreten.

Gut bezahlte Arbeit mit sozialer Absicherung bis ins Rentenalter steht in Deutschland prekärer Arbeit gegenüber, mit Niedriglöhnen und Renten, von denen keiner leben kann. 7,1 Millionen, fast ein Viertel aller Beschäftigten, verdient unter 10 Euro pro Stunde. Das ist die andere Seite des »Beschäftigungswunders«, mit dem sich Deutschland gerne gegenüber den europäischen Nachbarländern brüstet. Diese Zweiteilung des Arbeitsmarktes ist die Folge von Reformen zur Flexibilisierung des Arbeitsmarktes, die in den achtziger Jahren begannen und mit den Hartz-Reformen zwischen 2003 und 2005 ihren vorläufigen Höhepunkt fanden. Driften die Gehälter auseinander, bekommen das in Deutschland vor allem die Frauen zu spüren. Die Geringverdienerquote von Frauen liegt hierzulande doppelt so hoch wie bei den Männern. Weder in Frankreich noch in Italien oder in den Niederlanden ist das der Fall. In Dänemark zählt überhaupt nur jeder Zehnte zu den Geringverdienern, etwa gleich viele Frauen wie Männer.[8] In keinem anderen Land Europas ist die prekäre Teilzeitbeschäftigung von Frauen so stark ausgeprägt wie in Deutschland.[9]

So wichtig die Einführung des Mindestlohns zu Beginn des Jahres 2015 war – vier Millionen Jobs wurden auf einen Stundenlohn von 8,50 Euro angehoben –, den riesigen Niedriglohnsektor hat er nicht eindämmen können. Denn ein Stundenlohn von 8,50 Euro entspricht noch nicht einmal zwei Drittel des mittleren Stundenlohns in Deutschland und gilt damit nach internationaler Definition noch immer als Niedriglohn.[10] Nahezu jeder sechste tarifgebundene Job wurde nach einer Meldung der gewerkschaftsnahen Hans-Böckler-Stiftung vom Mai 2015 noch mit weniger als 10 Euro entlohnt, in den neuen Bundesländern sogar jeder dritte. Bei nicht-tariflich Beschäftigen, und das ist inzwischen fast die Hälfte in Deutschland, dürfte der Anteil der Niedriglöhne noch einmal entsprechend höher liegen.[11] Der in Deutschland durchschnittlich bezahlte Bruttostundenlohn von etwa 17 Euro, eine der Bezugsgrößen für die Rentenberechnung, liegt demnach für viele Arbeitnehmer, insbesondere aber für Frauen, in weiter Ferne.

Der Fehler liegt im System

Frauen in Deutschland arbeiten häufiger Teilzeit als Männer, sie erledigen fast zwei Drittel der Minijobs, haben seltener eine unbefristete Arbeitsstelle und wechseln deshalb häufiger ihren Arbeitgeber. Darüber hinaus treten sie beruflich meist kürzer, wenn Kinder zu versorgen sind oder wenn Angehörige pflegebedürftig werden. Diese »Brüche in der Erwerbsbiografie« wie Politiker und Sozialwissenschaftler die Abweichungen vom Arbeitsleben des fiktiven Eckrentners bezeichnen, sind selten geplant. Frauen haben sie in jungen Jahren in Kauf genommen – etwa wenn sie nach der Geburt des Kindes in Teilzeit gehen, weil der Vater des Kindes die besser bezahlte Stelle hat. Oder sie sind im fortgeschrittenen Alter das Ergebnis unvorhersehbarer Wendungen und Schicksalsschläge: wenn etwa die Stelle gestrichen wird oder eine Krankheit »dazwischenkommt«. Einen neuen Job zu finden, zumal einen, von dem sich leben lässt, ist dann nicht leicht. Und trotz Krankheit weiterzuarbeiten ist nicht immer möglich.

Bei Heidi F. wurde 2005, da war sie Ende fünfzig, Brustkrebs diagnostiziert. »Die Krebserkrankung hat mich damals sehr erschöpft«, erinnert sich die Münchnerin, »aber ich habe trotzdem weitergearbeitet. Ich dachte, ich muss durchhalten wegen meiner Rente.« Angst hat ihr weniger die Krankheit gemacht, vielmehr war es die Aussicht, den eigenen Lebensunterhalt nicht mehr selbst verdienen zu können und damit in Abhängigkeit zu geraten. Getrieben von Existenzängsten zwang sich die Arzthelferin und Mutter dreier erwachsener Kinder Tag für Tag an ihren Arbeitsplatz – entgegen dem Rat der Ärzte. Nach drei Jahren stellte sie schließlich doch einen Antrag auf Erwerbsminderungsrente. Der Schritt kostete sie Überwindung. Denn klar war, von den etwas mehr als 300 Euro Rente, die ihr nun aufgrund ihrer Erkrankung zustanden, würde sie nicht leben können. »Ich habe schließlich akzeptieren müssen, dass ich auch vom Geld meiner Mutter leben muss«, sagt die heute 65-Jährige. Immerhin, der Gang zum Sozialamt blieb ihr erspart. Denn sie wohnt mietfrei in dem Mehrfamilienhaus, das ihrer Mutter gehört.

Seit über einem Jahr bekommt sie ihre reguläre Altersrente: Zu diesen 330 Euro addieren sich inzwischen dank der Reform der »Mütterrente« im Jahr 2014 drei zusätzliche Entgeltpunkte für Kindererziehung, für jede ihrer drei Töchter einer. Damit kommt sie auf knapp 420 Euro. Ihr Rentenzahlbetrag entspricht damit in etwa der Summe, die eine Rentnerin in München – neben den Kosten für die Unterkunft – für ihren Lebensunterhalt bekommt, wenn sie Grundsicherung beantragt. Heidi F. erhält seit dem Renteneintritt zusätzlich noch 200 Euro aus einer privaten Rentenversicherung, die hatte sie als junge Frau in den siebziger Jahren abgeschlossen. Die gehören ihr, das Sozialamt hätte diese Einnahmen auf die Grundsicherung angerechnet. Finanziell eigenständig ist Heidi F. allerdings auch mit der privaten Zusatzrente noch nicht. Nur weil sie und ihre Mutter ihr monatliches Einkommen zusammenlegen, kommt sie über die Runden. Es ist ein bescheidenes Auskommen. Aber sie ist froh, wenigstens die Existenzängste hinter sich gelassen zu haben, unter denen sie nach ihrer Krebsdiagnose litt.

Ihr Leben wäre vielleicht anders verlaufen, wäre sie in den siebziger Jahren nicht mitten im Medizinstudium schwanger geworden. Davon wurde sie überrascht, denn der Arzt hatte ihr immer prophezeit, dass eine Schwangerschaft bei ihr aus medizinischen Gründen ausgeschlossen sei. Nun bekam sie, überglücklich, Zwillinge, brach das Medizinstudium ab und heiratete den Vater der Kinder, einen Arzt. Fortan tat sie das, was die meisten Ehefrauen im Westen Deutschlands taten, wenn sie eine Familie gründeten: Sie kümmerte sich um Kinder und Haushalt. Anfang der achtziger Jahre, die Zwillingsmädchen hatten gerade das Schulalter erreicht, zerbrach die Ehe. Wenige Jahre später heiratete Heidi F. erneut. Eine dritte Tochter wurde geboren. Als diese das Teenageralter erreichte, trennte sich das Paar. Nachdem sie mehr als fünfzehn Jahre lang ausschließlich Hausfrau gewesen war, suchte sich Heidi F. mit Anfang vierzig zum ersten Mal eine Arbeitsstelle. Sie arbeitete fünfzehn Jahre als Arzthelferin, dann schied sie wegen ihrer Krebserkrankung aus dem Berufsleben aus. Mit einer Rente, die so niedrig ist, dass sie auf Hilfe angewiesen ist. Scham empfindet sie darüber nicht.

»Ich wüsste nicht, wofür«, sagt Heidi F. »Das Einzige, was ich mir vorwerfe, ist, dass ich mich viele Jahre lang unter Tarif habe bezahlen lassen. Aber den Zusammenhang zwischen Rente und Arbeit, den habe ich lange gar nicht begriffen.« Ihr Arbeitgeber hatte die untertarifliche Bezahlung damit begründet, dass sie keine ausgebildete Arzthelferin sei. Aber selbst ein Tariflohn – der liegt heute etwa zwischen 2100 und 3700 Euro brutto – hätte sie nach fünfzehn Berufsjahren auf einer 32-Stunden-Stelle nicht über die Armutsgrenze gehoben.

Aber wie steht es mit der Ehe als Versorgungsinstitution? Schließlich hatte sich Heidi F. mit der Familiengründung auf eine Arbeitsteilung eingelassen, die mit der Erwartung verbunden war, versorgt zu sein – bis ins Alter. Bei der ersten Scheidung Anfang der achtziger Jahre erhielt sie nach knapp zehn Jahren Ehe 8000 DM als Ausgleich für Rentenanwartschaften, die ihr Ehemann in der berufsständischen Versorgungskasse für Ärzte erworben hatte. Diese Bar-Auszahlung war damals üblich. Nur Entgeltpunkte aus der gesetzlichen Rentenversicherung wären zwischen den Geschiedenen aufgeteilt und zu gleichen Teilen auf den jeweiligen Rentenkonten gutgeschrieben worden. Dieser Versorgungsausgleich bei einer Ehescheidung war, anders als bei Anwartschaften aus berufsständischen Rentenversicherungen, bereits seit 1977 gesetzlich vorgeschrieben. Die 8000 DM sind längst ausgegeben. Auf eine Witwenrente – ihr erster Mann ist bereits vor vielen Jahren verstorben – konnte sie nicht hoffen. Darauf haben geschiedene Frauen seit der Rentenreform 2001 keinen Anspruch mehr, es sei denn, die Ehe wurde vor dem Jahr 1977 geschieden.

Die zweite Ehe hielt länger. Doch die Rentenanwartschaften aus der gesetzlichen Rentenversicherung, die ihr dieses Mal mit dem Versorgungsausgleich gutgeschrieben wurden, waren minimal. Der Grund: Als Selbständiger hatte ihr Ex-Mann die gesetzliche Rentenversicherung ruhen lassen und komplett auf private Altersvorsorge gesetzt. Das Angesparte hätte er teilen können, musste es aber nicht. Das war geltendes Recht. Erst seit 2009 müssen Geschiedene alle Anwartschaften aus der Ehezeit, ob aus der gesetzlichen, einer privaten oder einer betrieblichen Rentenversicherung, teilen.

Die 8000 DM aus dem ersten Versorgungsausgleich hätte sie in die Rentenkasse einzahlen können. Ob das heute ihre Rente über die Armutsgrenze gehoben hätte, ist zu bezweifeln. Dafür unterscheidet sich ihr Leben von dem des deutschen Eckrentners viel zu sehr. Es ist nicht »systemkonform« verlaufen. Ist das ein Fehler, den man ihr anlasten kann? Keinesfalls – der Fehler liegt im System. Ihre Mutter und das Haus, das diese besitzt, haben sich für Heidi F., Jahrgang 1948, jedenfalls als die zuverlässigere Altersversicherung erwiesen.

Gute Ausbildung = gute Jobs = gute Rente?

Eine Frau der nachgeborenen Generation, der Babyboomer, hätte sich die Entscheidung, das Studium abzubrechen, womöglich nicht so leichtgemacht. Was nicht heißt, dass studieren mit Kind in den achtziger oder neunziger Jahren schon eine akzeptierte Lebensform war oder es gar spezielle Beratungs- und Unterstützungsangebote gegeben hätte, wie sie heute die meisten Universitäten und Institutionen wie das Studentenwerk anbieten. Das kam erst später. Studieren mit Kind war auch damals noch eine absolute Ausnahme. Eine fünfzigjährige Journalistin berichtet, sie habe ihren unübersehbaren Schwangerschaftsbauch sorgfältig getarnt, als sie in der Bibliothek für ihre Abschlussprüfung lernte. Sie erntete ungläubige bis spöttische Reaktionen von Kommilitoninnen: »Meinst du das ernst? Bist du sicher, dass du dieses Kind willst?«

Der Wille, sich nicht allein auf einen zukünftigen Ehegatten zu verlassen, und der Wunsch, die Weichen so zu stellen, dass sie finanziell unabhängig sein konnten, war bei den Frauen der geburtenstarken Jahrgänge in jungen Jahren stärker ausgeprägt. Auch wollten sie das, was sie an Zeit und Aufwand in Bildung investiert hatten, später im Berufsleben wieder »reinholen«. Und sie hatten eine Menge investiert. Mitgerissen von der Bildungsexpansion der siebziger Jahre, die ihnen Aufstieg durch Bildung versprochen hatte, holten sie gegenüber ihren männlichen Altersgenossen enorm auf und überrundeten mit ihren guten Bildungsabschlüssen auch die Frauen der Vorgängergeneration. Mehr Mädchen als Jungen der Babyboomer-Generation erreichten einen mittleren Schulabschluss. Das Abitur bestanden fast ebenso viele Mädchen wie Jungen, und 13 Prozent der jungen Frauen, nur 5 Prozent weniger als bei den gleichaltrigen Männern, absolvierten ein Hochschulstudium.[12]

Heute kann etwa ein Viertel der 30- bis 40-Jährigen einen akademischen Abschluss vorweisen – in etwa gleich viele Frauen wie Männer.

Doch die Gleichung gute Ausbildung = gute Jobs = gute Rente geht nicht für alle auf. Es waren vor allem die Männer der Babyboomer-Generation aus den alten Bundesländern, denen es gelang, ihre gute Ausbildung in entsprechend gut bezahlte und dauerhafte Vollzeitstellen umzumünzen – und damit in eine auskömmliche Rente. Sie sind die wahren Gewinner der Bildungsexpansion. Das bestätigt eine Studie des DIW von 2012, in der die Biografien der Kriegs-, Nachkriegs- und Babyboomer-Jahrgänge, also der heutigen und zukünftigen Rentnergenerationen in Ost und West unter die Lupe genommen wurden.[13] Ein zentrales Ergebnis der Untersuchung: Die Erwerbsverläufe der Männer der Babyboomer-Generation aus den alten Bundesländern kommen der Biografie des »Eckrentners« sehr nahe. 90 Prozent von ihnen waren weitgehend kontinuierlich und in Vollzeit berufstätig. Das gilt auch noch für drei Viertel der Männer in den neuen Bundesländern derselben Generation. Bei den Frauen hingegen zeigt sich ein anderes Bild: Nur jede zweite in den neuen Bundesländern hat eine solch »ideale« Erwerbsbiografie vorzuweisen, in den alten Bundesländern nur jede dritte.

Ein weiterer Trend unter Frauen in Ost und West: Teilzeitarbeit legt über die Generationen hinweg zu. In den neuen Bundesländern um mehr als das Doppelte. Ein Zuwachs, der im Osten vor allem auf Kosten des Vollzeit-Erwerbstypus unter Frauen geht. Im Westen ist diese Entwicklung zum Teil dem generellen Rückgang der Vollzeit-Erwerbstätigkeit geschuldet, aber auch der Tatsache, dass mehr Frauen nur zeitweise berufstätig sind und sich über Jahre vorwiegend dem Haushalt widmen. Warum dieser Trend zur Teilzeitarbeit bei Frauen in Ost und West?

Einerseits sind die Ursachen beim Arbeitsmarkt zu suchen: Schon seit den achtziger Jahren, als die Babyboomer begannen auf den Arbeitsmarkt zu drängen, stieg die Arbeitslosigkeit, in den neunziger Jahren ging das Arbeitsvolumen in Deutschland rasant zurück. Die Konkurrenz auf dem Arbeitsmarkt war groß. Wer beruflich noch nicht fest im Sattel saß und eine Vollzeitstelle suchte, hatte schlechte Karten. Die Politik wollte aber einen weiteren Anstieg der Arbeitslosigkeit um jeden Preis vermeiden und setzte deshalb gezielt auf den Ausbau des Teilzeit-Sektors. So wurde auch der Minijob, der um das Jahr 2000 noch eine Randerscheinung war, zum Massenphänomen. Teilzeitarbeit war aber von der Politik in erster Linie für Frauen vorgesehen, auch wenn das niemand offen aussprach. Denn diese Arbeitsmarktpolitik ging Hand in Hand mit einer schleichenden Re-Traditionalisierung des Frauen- und Familienbildes seit den achtziger Jahren. Sie war Teil der »geistig-moralischen Wende«, die Helmut Kohl in achtziger Jahren verkündet hatte, und sie fand seit den neunziger Jahren ihre Fortsetzung in den Medien. Dort geißelten nun einflussreiche Publizisten wie etwa der 2014 überraschend verstorbene *FAZ*-Herausgeber und Buchautor Frank Schirrmacher die Zerfallserscheinungen der traditionellen Familie in Deutschland und stilisierten die, wenn überhaupt nebenbei berufstätige, sich für Kinder und Ehemann aufopfernde Mutter zur Retterin in der Not.[14] Neben den politischen und wirtschaftlichen Rahmenbedingungen war es also auch ein mit völlig überzogenen Erwartungen überfrachtetes Mutterbild, das es damals den jungen Frauen schwermachte, die eben nicht nur halb, sondern voll in den Beruf einsteigen wollten.

Das Ergebnis waren Erwerbsbiografien, die sich immer mehr vom Idealmaß des »deutschen Eckrentners« entfernten. Einen Ausgleich dafür in der Rente zu schaffen stand nie auf der politischen Agenda. Das Risiko der niedrigen Renten, das damit für Frauen einherging, sollte jede für sich allein tragen. Hinzu kam, insbesondere in den neuen Bundesländern, das Problem steigender Arbeitslosigkeit, das ebenfalls mit Verlusten bei der Rente einhergeht. »Diskontinuierlich« nennen die Wissenschaftler in der DIW-Studie einen »Erwerbstypus«, dessen Arbeitsleben regelmäßig wegen Zeiten der Arbeitslosigkeit unterbrochen ist. In der Babyboomer-Generation gehört in den neuen Bundesländern jeder fünfte, egal ob Frau oder Mann, in diese Kategorie. Das ist nicht verwunderlich. Für die damals Mitte Zwanzig- bis Mitte Dreißigjährigen war es nach dem Ende der DDR, als viele Betriebe schlossen und ihre Mitarbeiter entließen, nicht leicht, auf dem Arbeitsmarkt wieder Fuß zu fassen. Aber es waren mehr Frauen als Männer, die nach der Wiedervereinigung offenbar nur noch eine Teilzeitbeschäftigung fanden.

Die DIW-Forscher haben auch die Rentenanwartschaften in Ost und West berechnet, sie sind, wenig überraschend, für die Männer der Babyboomer-Generation am höchsten. Mit durchschnittlich 48 Entgeltpunkten ist ihr Rentenkonto sogar besser gefüllt als das des »Eckrentners«. Die Entgeltpunkte der Frauen in den alten Bundesländern verharren dagegen über drei Generationen hinweg auf dem gleich schwachen Niveau: 23 Entgeltpunkte, das sind nur halb so viele wie bei den Männern. Die Rentenlücke hält sich zumindest in den alten Bundesländern weiter hartnäckig: Wenn die Generation der Babyboomer in Rente geht, werden die Männer doppelt so viel Rente bekommen wie die Frauen. Die Gesellschaft nimmt diese anhaltende Ungerechtigkeit offenbar hin, als sei es ein naturgegebenes Wetterereignis.

In den neuen Bundesländern dagegen müssen über die Generationen hinweg auch mal die Männer Verluste hinnehmen. Mit 33 Entgeltpunkten im Mittel liegen sie bei den geburtenstarken Jahrgängen fast gleichauf mit den Frauen. Die Rentenlücke zwischen den Geschlechtern scheint sich in den neuen Bundesländern allmählich zu schließen – allerdings auf relativ niedrigem Niveau.

Der Vergleich der Renten zwischen den Geschlechtern, zwischen Ost und West und über drei Generationen hinweg, ist aufschlussreich. Er zeigt, wie massiv – neben persönlichen Entscheidungen – historische Entwicklungen und wirtschaftliche Veränderungen, aber auch nationale politische Weichenstellungen das Leben jedes Einzelnen beeinflussen. Da ist der Wirtschaftsboom in der alten Bundesrepublik bis in die siebziger Jahre, von dem die Nachkriegsgenerationen profitierten. Die Bildungsexpansion kam dort, jedenfalls was die Berufsbiografie und in der Konsequenz die Rente betrifft, überwiegend den Männern der Babyboomer-Generation zugute. Und mit Wende und Wiedervereinigung endete die Vollbeschäftigung und die erwünschte Vollzeit-Berufstätigkeit von Frauen in den östlichen Bundesländern. Diese Ursachen für die ungleiche Verteilung von Chancen auf eine existenzsichernde Rente lassen sich nicht wegdiskutieren. Sie rücken die Vorstellung zurecht, jeder hätte ganz individuell und aufgrund freier Entscheidungen die Kontrolle darüber, ob die Rente im Alter zum Leben reicht oder nicht.

Im Geiste des Neoliberalismus wurden aber genau diese Rahmenbedingungen über Jahre konsequent geleugnet. Radikal ausbuchstabiert hat das Kristina Schröder, als sie Familienministerin war. Mit ihrem Buch »Danke, emanzipiert sind wir selber«[15] schrieb sie so etwas wie das Manifest der Wahlfreiheit für Frauen in Deutschland. Darin stellt sie den Kampf um Gleichberechtigung als die angeblich freie Wahl zwischen unterschiedlichen Lebensentwürfen dar. Und diese Entscheidungen will sie als strikt privat verstanden wissen. Die niedrigen Renten für Frauen wären so gesehen nichts als eine Konsequenz angeblich freier, persönlicher Entscheidungen. Politische und soziale Rahmenbedingungen? Gibt es nicht. Den Frauen hat sie mit ihren ideologischen Thesen einen Bärendienst erwiesen.

Auch wenn diese Haltung in der Familienpolitik unter Ministerin Manuela Schwesig längst nicht mehr gilt – in der Rentenpolitik werden die Auswirkungen eines für Frauen ungerechten Systems bis heute geleugnet. Diese Tendenz, den Fehler nicht im System, sondern beim einzelnen Menschen zu suchen, ist auch ein Grund dafür, dass viele Frauen Scham darüber empfinden, am Ende ihres Arbeitslebens mit einer viel zu kleinen Rente dazustehen. Manche verbergen deshalb ihr vermeintliches Schicksal lieber vor der Öffentlichkeit, manchmal sogar vor der eigenen Familie.

Vertrauen verspielt: Rentenpolitik gegen das Rentensystem

Kommen wir noch einmal zurück auf den Vergleich der Entgeltpunkte aus der DIW-Studie. Anders als in den neuen Bundesländern, wo die Werte von Frauen und Männern der geburtenstarken Jahrgänge sehr nah beieinanderliegen, klaffen sie in den alten Bundesländern weit auseinander: Westdeutsche Männer dieser Generation erreichen im Durchschnitt traumhafte 48 Entgeltpunkte – das Soll des Eckrentners ist übererfüllt –, Frauen kommen dagegen nur auf 23 Punkte. Dieser Vergleich ist erhellend, dennoch zeichnet er ein unvollständiges Bild. In Wirklichkeit kommt es schlimmer. Denn bevor aus den Entgeltpunkten eine Rente in Euro und Cent wird, muss gerechnet werden. Eigentlich eine simple Formel: Die Zahl der Entgeltpunkte wird mit dem jeweils gültigen Rentenwert multipliziert (aktuell beträgt er 27,05 Euro in den neuen und 29,21 Euro in den alten Bundesländern). Und genau dieser Rentenwert ist eine der wichtigsten Stellschrauben, an dem die Regierungen der letzten beiden Jahrzehnte immer wieder gedreht haben. Wie werden also die tatsächlichen Rentenzahlbeträge für die Frauen der Babyboomer-Generation in Ost und West voraussichtlich ausfallen? Denn bei dieser Generation kommen die Rentenreformen erstmals voll zum Tragen.

Dazu gibt es nur eine einzige Studie, die bereits im ersten Kapitel erwähnte Untersuchung von Barbara Riedmüller und Ulrike Schmalreck von der Freien Universität Berlin. Sie stammt, wie die DIW-Studie, ebenfalls aus dem Jahr 2012. Auch wenn sich die Wissenschaftlerinnen bei der Eingrenzung der jeweiligen Generationen nicht auf exakt dieselben Jahrgänge wie die Studie des DIW beziehen, in der Tendenz unterscheiden sich ihre Ergebnisse nicht. Allerdings sind die Euro-Beträge weit aussagekräftiger als die abstrakten Entgeltpunkte. Frauen der geburtenstarken Jahrgänge werden nach der Studie der Freien Universität Berlin durchschnittliche Renten von 622 Euro in den alten Bundesländern und 800 Euro in den neuen Bundesländern bekommen. Die Babyboomerinnen in den alten Bundesländern liegen damit nur um etwa 40 Euro über dem Betrag von 583 Euro, den eine Rentnerin in Deutschland heute durchschnittlich für ihre Erwerbstätigkeit aus der gesetzlichen Rentenversicherung bekommt.

Und 40 Prozent aller Frauen in den alten Bundesländern, auch das prognostizieren die Berliner Sozialwissenschaftlerinnen, werden maximal 600 Euro monatlich erhalten. In den neuen Bundesländern erwartet jede fünfte Frau solch niedrige Bezüge. Insgesamt müssen damit in Deutschland voraussichtlich über zwei Millionen Frauen der geburtenstarken Jahrgänge mit einer Rente von maximal 600 Euro rechnen. Die gesetzliche Rentenversicherung empfiehlt ihren Versicherten jedoch bereits bei einer Rente von unter 780 Euro Grundsicherung beim Sozialamt zu beantragen. Die Anzahl der Frauen, die auf diese Sozialleistung Anspruch haben, weil die gesetzliche Altersrente nicht ausreicht, könnte also noch weit über den vorhergesagten zwei Millionen liegen.

»Die Rente ist sicher«

Die Gründe dafür, dass die Renten dieser Frauen so niedrig ausfallen, sind nicht allein auf dem Arbeitsmarkt zu suchen und bei den Abweichungen eines Frauenlebens vom deutschen Standardrentner. Schuld daran sind auch die Rentenreformen der letzten Jahrzehnte – durchgesetzt in den neunziger Jahren von einer christlich-liberalen Regierung. Ihre Fortsetzung fand diese Politik mit den zwei aufeinanderfolgenden rot-grünen Regierungskoalitionen seit Ende der neunziger Jahre. Zuletzt drehte eine schwarz-rote Regierungsmehrheit an der Rentenschraube.

In den achtziger Jahren wog sich die Öffentlichkeit, was die Renten angeht, noch in Sicherheit. Dafür sorgte Norbert Blüm, Deutschlands prominentester Rentenpolitiker, der Bundeskanzler Kohl sechzehn Jahre lang als Sozial- und Arbeitsminister zur Seite stand. Mit seinem Slogan »Die Rente ist sicher« ließ er im Bundestagswahlkampf 1986 die Litfaßsäulen plakatieren. Inzwischen ist sein Spruch so legendär wie lächerlich. Denn er machte den Wählern damit ein Versprechen, zu dessen Bruch er als Erster selbst beigetragen hat. Bereits kurz nach der Wiedervereinigung 1992 setzte Norbert Blüm mit dem Rentenreformgesetz erhebliche Rentenkürzungen durch: Der Rentenwert, der multipliziert mit den Entgeltpunkten die Rente bildet, orientierte sich fortan nicht mehr am Brutto-Durchschnittslohn, sondern am niedrigeren Netto-Durchschnittslohn aller Sozialversicherten. Das drückte empfindlich auf das Rentenniveau. Mit der veränderten, nämlich kleineren Bezugsgröße des Netto-Durchschnittslohns verloren die Entgeltpunkte an Wert. Außerdem wurden mit diesem Gesetz erstmals die Anrechnungszeiten für jene Jahre sukzessive gekürzt, die die Versicherten in Schule und Hochschule verbracht hatten. Wer 2009 oder später in Rente ging, bekam diese Ausbildungszeiten nun nur noch als Mitgliedschaft in der Rentenversicherung angerechnet, als sogenannte Wartezeit. Eine bestimmte Anzahl dieser Wartejahre ist Bedingung, um überhaupt in den Genuss einer Altersrente zu kommen, auf die Höhe der Rente hat sie aber keinerlei Einfluss. Wer also, wie viele Frauen der Babyboomer-Generation, viel Zeit in einen Hochschulabschluss investierte, aber im Beruf nicht entsprechend verdient, macht dank dieses Gesetzes bei der Rente doppelt Verluste. Das trifft insbesondere auf die Frauen in den alten Bundesländern zu, die zwar, was die Ausbildung angeht, mit ihren männlichen Altersgenossen nahezu gleichzogen, aber eben nur selten durchgängig vollzeitberufstätig waren – mit den bekannten Konsequenzen bei Bezahlung und beruflichem Fortkommen.

Fünf Jahre nach dem Rentenreformgesetz – der Bundestag beschließt die nächste Rentenreform – nahm Norbert Blüm seinen Wahlslogan nicht etwa zurück oder relativierte ihn. Er unterstrich sein Versprechen aus dem Jahr 1986 noch einmal demonstrativ: »Zum Mitschreiben: Die Rente ist sicher«, formulierte er im Oktober 1997 am Rednerpult des Bundestages. Da hatten die Abgeordneten der schwarz-gelben Regierungskoalition mit ihrer Mehrheit schon die nächste Rentenkürzung beschlossen. Sie trat 1999 in Kraft.

Der Kern dieses zweiten Rentenreformgesetzes nach der Wende war die Einführung eines Demografie-Faktors in die Rentenformel. Damit sollte in Zukunft das zahlenmäßige

Verhältnis von Rentenempfängern zu Beitragszahlern in die jährlich neu vorgenommene Berechnung des Rentenwerts einfließen. Mit anderen Worten: Steigt die Zahl der Rentner im Verhältnis zu den Beitragszahlern, mindert das den Rentenwert. Diese erneute Absenkung des Rentenniveaus war die Reaktion auf eine stagnierende Geburtenrate und auf die gestiegene Lebenserwartung, die einen längeren Rentenbezug nach sich zieht. Zumindest wurde der erneute Einschnitt gegenüber der Öffentlichkeit so gerechtfertigt. Scheinbar aus gutem Grund. Prognosen des Statistischen Bundesamts zufolge wird im Jahr 2060 jeder Dritte in Deutschland über 65 Jahre alt sein. Dann stehen hundert Beitragszahlern fast doppelt so viele Rentner gegenüber wie 2013.[16] Der Anstieg dieses Altersquotienten wird seinen Zenit erreicht haben, wenn der geburtenstärkste Jahrgang der 1964er in Rente geht.

So dramatisch diese Entwicklung auch erscheinen mag, Deutschland steht keinesfalls allein damit da. Auch wenn es zusammen mit Japan und Italien zu den Ländern weltweit zählt, in denen die Bevölkerung am stärksten altert. In Frankreich, Spanien oder Großbritannien weist die Bevölkerungsentwicklung in die gleiche Richtung: Mehr alte Menschen stehen weniger jungen gegenüber.

Trotzdem ließen sich diese Länder nicht dazu verleiten, die Renten derart in den Keller fahren zu lassen – ohne dabei Bezieher kleiner Renten vor dem Absturz in die Sozialhilfe zu bewahren – wie es in Deutschland geschehen ist. Und Norbert Blüm machte nur den Anfang. Nach seiner Amtszeit nutzten noch mehrere Regierungen diese langfristigen Zukunftsprognosen vor allem dazu aus, um Rentenkürzungen durchzusetzen: Wenn wir die Renten nicht kürzen, werden die Beitragssätze zur Rentenversicherung so in die Höhe schnellen, dass der Wirtschaftsstandort Deutschland gefährdet ist. Dazu gab es angeblich keine Alternative. In den Ohren der Bürger klang das nicht selten wie eine Drohung.

Mit Blüms Demografie-Faktor sank das Rentenniveau von 70 auf 64 Prozent des Durchschnittslohns. Im Gegenzug wurde der Beitragssatz zur Rentenversicherung arbeitgeberfreundlich um fast 3 Prozent gekürzt, nachdem er kurz zuvor auf über 20 Prozent des Arbeitsentgelts geklettert war.

Tatsächlich waren die Finanzen der Rentenversicherung damals aus ganz anderen Gründen aus dem Lot geraten. Die gesetzliche Rentenkasse war auf zusätzliche Einnahmen angewiesen, weil nach der Wiedervereinigung auch die Renten der Bürger aus den neuen Bundesländern zu zahlen waren. Dass diese Rentenzahlungen allein von den Mitgliedern der gesetzlichen Rentenversicherung und nicht etwa von allen Bürgern über Steuereinnahmen finanziert werden sollten, hatte die CDU-Regierung bereits 1992 mit dem »Rentenüberleitungsgesetz« beschlossen. Wie viel der Rentenkasse dafür entnommen wurde, kann man im »Handbuch zur deutschen Einheit«[17] nachlesen: Allein in den Jahren von 1992 bis 1997 flossen 77 Milliarden DM. Angesichts dieser Summen erscheint der Anstieg des Rentenbeitragssatzes in den neunziger Jahren von 18,7 auf über 20 Prozent, also etwas mehr als 1 Prozent, überaus moderat.

Steckt also hinter der Durchsetzung eines Demografie-Faktors weniger eine realitätsnahe Politik als vielmehr politisches Kalkül? Dass das Loch in der Rentenkasse auf politische Entscheidungen im Zusammenhang mit der Wiedervereinigung zurückging, blieb jedenfalls weitgehend im Verborgenen. Ganz anders dagegen das Demografie-Argument (zu viele Rentner, zu wenige Beitragszahler) und das Standort-Argument (hohe Lohnkosten gefährden Arbeitsplätze). Diese Argumente werden bis heute fast schon reflexartig angeführt, um sinkende Renten zu rechtfertigen.

Dabei zog Franz-Xaver Kaufmann, ein vielfach ausgezeichneter Soziologe und Kenner der deutschen und europäischen Sozialpolitik, bereits 2003 in seinem Buch »Varianten des Wohlfahrtsstaates« eine ganz andere Bilanz: »Die im letzten Jahrzehnt verschärften Verteilungskonflikte sind weniger auf die sogenannte Globalisierung oder die absehbaren demografischen Verwerfungen zurückzuführen, denn auf die Finanzierungsmodi der deutschen Wiedervereinigung.«[18]

Walter Riester, ein neuer »Herr Blüm«

Blüms Nachfolger im Amt des Sozial- und Arbeitsministers hieß Walter Riester. Er hatte bereits eine steile Karriere in der Gewerkschaft hinter sich, war zweiter Vorsitzender der mächtigen Industriegewerkschaft Metall, als Bundeskanzler Gerhard Schröder ihn nach der Bundestagswahl 1998 ins erste rot-grüne Kabinett holte. Der ehemalige Gewerkschaftschef und neue Minister für Arbeit und Sozialordnung übertraf Norbert Blüms hohle Versprechen noch. »Jeder Rentner wird nicht nur jetzt, sondern auch in Zukunft mehr Rente erhalten als nach dem alten Recht«, prahlte Riester 2001, als die nächste Rentenreform, das Altersvermögensgesetz, beschlossene Sache war.

Das Gesetz brachte die staatlich geförderte private und nach dem Minister benannte Riester-Rente und führte – quasi als Gegenstück – den Riester-Faktor in die Berechnung des Rentenwerts ein. Zusätzlich zum Demografie-Faktor schraubte nun ein zweiter Faktor am Rentenwert. Ergebnis: Das Rentenniveau sank erneut. Von 64 Prozent unter Blüms Ägide auf heute 48 Prozent. In weniger als 25 Jahren von ursprünglich einmal 70 bis hinunter auf 48 Prozent. Und die Talfahrt geht weiter, bis auf voraussichtlich 43 Prozent im Jahr 2030. Dann wird das Rentenniveau sein historisches Tief erreicht haben.

Aber kann man bei Werten unter 50 Prozent überhaupt noch von einem »Sicherungsniveau« sprechen? Als »Sicherungsniveau« bezeichnet die Bundesregierung in ihrem jährlichen Rentenversicherungsbericht das, was vorher ganz neutral »Rentenniveau« hieß.

Dass der Riester-Faktor die Ansprüche jedes Versicherten erheblich schmälern würde, war kein Geheimnis, es war volle Absicht. Das Loch, so das Kalkül der Regierung, sollte jeder persönlich mit dem Abschluss einer staatlich geförderten privaten Rentenversicherung schließen. Dabei ging die rot-grüne Koalition von der Annahme aus, dass, erstens, jeder Versicherte jährlich 4 Prozent seines Lohns in die private Altersvorsorge stecken würde und dass, zweitens, diese Summe mit jährlich 4 Prozent verzinst wird. Damit machte man reine Spekulationen zum Fundament der Rentenpolitik. Denn die private Altersvorsorge war freiwillig, keine Pflicht. Jeder konnte selbst entscheiden – und Verhaltensökonomen wissen, dass sich Menschen schwertun mit Investitionen, deren Erträge in ferner Zukunft liegen. Für eine Auto- oder Krankenversicherung zahlen wir bereitwilliger, denn sie vermittelt uns schon bei der nächsten Autofahrt ein angenehmes Gefühl von Sicherheit oder beschert beim nächsten Arztbesuch eine kostenfreie Behandlung. Bei der Rente liegen die Dinge anders. Sie liegt die längste Zeit unseres Lebens in weiter Ferne, gefühlt noch ferner als in gezählten Jahren. Hinzu kommt, dass die Erträge schwer zu kalkulieren sind. Damit stand das Riestersche Altersvermögensgesetz von Beginn an auf tönernen Füßen.

Riester-Rente: vom »must-have« zur rentenpolitischen Mogelpackung

Als das Gesetz im Juli 2001 in Kraft trat, erlebten die Börsen einen Höhenflug. Wer damals gleich einen Riester-Vertrag abschloss und mit viel Glück auch noch einen mit guten Konditionen erwischt hat, für den wird sich das Sparen möglicherweise gelohnt haben. Seit der Finanzkrise hat die Versicherungswirtschaft aber ihre Renditen für private Rentenversicherungen immer wieder nach unten korrigiert. Zum 1. Januar 2015 wurde der Garantiezins der klassischen Riester-Rente von 1,75 Prozent auf historisch niedrige 1,25 Prozent gesenkt. Kein Wunder also, dass Riester-Renten, so wie andere Produkte der privaten Altersvorsorge auch, bei den Verbrauchern viel an Vertrauen eingebüßt haben. Verbraucherschützer beklagen zudem mangelnde Transparenz. Preise und Leistungen verschiedener Produkte sind für Kunden, die keinen Kurs in Versicherungsmathematik absolviert haben, kaum zu überblicken – trotz Zertifizierung durch das Bundeszentralamt für Steuern. Wer einen Riester-Vertrag für die private Altersvorsorge abschließen will, ist auf Beratung angewiesen. Aber weder die Beratung noch die Ausgestaltung der Verträge selbst wird ausreichend kontrolliert, das beklagte der Bundesverband der Verbraucherzentralen 2011 zum zehnjährigen Jubiläum der Riester-Rente.

Da wundert es nicht, dass unter den Versicherten der geburtenstarken Jahrgänge nach Angaben des DIW im Jahr 2007 drei Viertel keinen Vertrag abgeschlossen hatten.[19] Auch insgesamt blieb die Zahl der abgeschlossenen Verträge hinter den Erwartungen zurück: Zehn Jahre nach der Einführung zählten DIW-Forscher insgesamt fast 15 Millionen Riester-Verträge. Das Potenzial an Riester-Sparern wurde damit nur zu 40 Prozent ausgeschöpft, folgern die Verbraucherexpertin Kornelia Hagen und der Versicherungsmathematiker Axel Kleinlein in ihrer Bestandsaufnahme. Auch sie stellen den staatlich geförderten Riester-Produkten ein vernichtendes Zeugnis aus: »Für viele Riestersparer ist aber die Rendite nicht höher, als wenn sie ihr Gespartes in einen Sparstrumpf gesteckt hätten«,[20] so ihr Fazit. Mit anderen Worten: Für Millionen Sparer hat sich die erhoffte Alterssicherung als Fiasko erwiesen. Das war von der Politik anders vorgesehen, diente doch die Renteninformation, die laut Altersvermögensgesetz nun jedes Jahr allen Versicherten zugeht, genau diesem Zweck: Sie sollte den Versicherten helfen, ihre private Altersvorsorge besser zu planen. Oder verbreiteten sie nicht viel mehr Angst und Sorge unter den Versicherten?

Wenn das politisches Kalkül war, dann passte das bestens zur beispiellosen Werbekampagne für die private Altersversicherung, die nach 2001 von Regierungsseite losgetreten wurde, flankiert vom Marketing der Versicherungskonzerne, die ein großes Geschäft witterten und ihre Vertreter in Millionen Haushalte schickten. Eine Riester-Rente oder eine vergleichbare staatlich geförderte private Rente erschien jenen, die ihren Rentenbescheid genau studierten und wegen geringer Rentenerwartung in Sorge waren, wie ein »must-have«. Regierungspolitiker und auch mancher Rentenexperte setzte die Öffentlichkeit unter Druck, die große Riester-Chance und den glücklichen Lebensabend nicht leichtsinnig zu verspielen. Gleichzeitig verunglimpften Versicherungskonzerne die gesetzliche Rentenversicherung als unzuverlässig, um Bürger zu ermutigen, noch viel stärker auf Privatvorsorge zu setzen. »Angst vor einer zukünftigen Krise wurde geschürt, das Vertrauen in die Umlagefinanzierung bzw. das Leistungsniveau der gesetzlichen Rentenversicherung systematisch untergraben und die kapitalmarktabhängige Altersvorsorge als Ausweg gepriesen.

Damit wurde der Boden für eine Demontage der umlagefinanzierten gesetzlichen Rentenversicherung bereitet«, so fasst Winfried Schmähl, emeritierter Wirtschaftsprofessor der Uni Bremen, der als einer der besten Kenner des Rentenversicherungssystems in Deutschland gilt und seit den siebziger Jahren Mitglied in zahlreichen Expertenkommissionen war, die Stimmungsmache zu Beginn der 2000er Jahre zusammen.[21]

Dass die Riester-Renten die Lücke, die der Riester-Faktor reißt, niemals werden schließen können, gilt inzwischen als erwiesen. Nicht nur weil die Versicherten sehr zögerlich Riester-Verträge abgeschlossen haben und die Rendite-Erwartungen nicht eingetroffen sind. Sondern auch weil in Deutschland sehr viele Versicherte von Löhnen leben, von denen sich eine zusätzliche Versicherung schlicht nicht finanzieren lässt. Die Rentenabsenkungen durch den Riester-Faktor treffen aber alle, ganz unabhängig davon, ob eine private Zusatzversicherung besteht oder nicht. Und diejenigen, die wegen geringer Renten auf Grundsicherung angewiesen sind, bekommen ihre Riester-Rente nicht etwa als Zuschlag obenauf, sie verfällt. Die Riester-Reform wird also in Zukunft weder bei den Beziehern niedriger Renten Altersarmut verhindern noch die Rentenlücke, die sie bei den gesetzlichen Renten gerissen hat, schließen können. Kurz: Das Finanzprodukt Riester-Rente war eine rentenpolitische Mogelpackung.

Rentenpolitik gegen gute Traditionen

Die Gesetzesänderungen bis zum Jahr 2001 waren einschneidend. Sie brachen in mehrfacher Weise mit den Traditionen der gesetzlichen Rentenversicherung in Deutschland: mit der Idee, dass Renten einen Lohnersatz darstellen und deshalb mindestens 70 Prozent des Durchschnittseinkommens betragen sollten. Außerdem wurde das Prinzip der Umlagefinanzierung – die Beitragszahler finanzieren direkt die Renten – teilweise aufgegeben, indem ein Teil der Renten in Zukunft über private Versicherungspolicen finanziert werden sollten. Gleichzeitig wurde für diesen Teil der Rente das Prinzip der paritätischen Finanzierung von Arbeitgebern und Arbeitnehmern aufgekündigt.

Für Winfried Schmähl sind die Versicherten die klaren Verlierer dieses Paradigmenwechsels: Nach der Einführung der privaten Zusatzversicherung müssen sie unter dem Strich mehr Geld aufwenden, als dies bei gleichem Versicherungsniveau in der gesetzlichen Rentenversicherung erforderlich gewesen wäre.[22] Mit anderen Worten: Das Sicherungsniveau von heute 48 Prozent wäre nach Ansicht des Rentenexperten auch allein mit der gesetzlichen Rentenversicherung erreichbar gewesen – aber es hätte die Versicherten zumindest weniger gekostet.

Das Reformkarussell drehte sich auch nach Riesters Amtszeit weiter. Als die SPD-Politikerin Ulla Schmidt Ministerin für Gesundheit und Sozialordnung war, wurde ein weiterer Faktor in die Rentenformel eingeführt: der Nachhaltigkeits-Faktor. Er soll den Anstieg der Beitragssätze zur Rentenversicherung deckeln. Bis 2020 dürfen sie laut dem »Gesetz zur Sicherung der nachhaltigen Finanzierungsgrundlagen der gesetzlichen Rentenversicherung« von 2004 nicht über 20 Prozent steigen. Nach dem Demografie- und dem Riester-Faktor ein weiterer Rechenfaktor, der das Rentenniveau aller Voraussicht nach drücken wird. Außerdem beschloss die zweite rot-grüne Regierung unter Gerhard Schröder, die Renten stärker zu besteuern: Der Betrag, der steuerfrei bleibt, schmilzt schrittweise. Derzeit ist etwa die Hälfte der gesetzlichen Rente von der Steuer befreit, wenn die geburtenstarken Jahrgänge in Rente gehen, müssen die

Renten oberhalb des steuerlichen Grundfreibetrags fast vollständig versteuert werden.

Der nächste große Einschnitt war die Heraufsetzung des Renteneintrittsalters. 2007 setzte die große Koalition aus CDU und SPD unter der Regie von Franz Müntefering, dem Minister für Soziales und Arbeit, die Erhöhung des Renteneintrittsalters durch. Mit dem Altersgrenzenanpassungsgesetz steigt seit 2012 das Renteneintrittsalter jedes Jahr um einen Monat – bis der Jahrgang 1964 mit 67 Jahren 2031 in Rente geht. Wer vorher in Rente geht, muss Abschläge hinnehmen, 3,6 Prozent für jedes Jahr. Solche Abzüge bei vorzeitigem Renteneintritt waren bereits mit der Rentenreform 1992 unter Blüm beschlossene Sache. Allerdings unter anderen Voraussetzungen: Damals galt noch das Renteneintrittsalter 65, wer mit 65 in Rente ging, hatte also keine Rentenkürzungen zu erwarten.

Von den Neunzigern bis in das erste Jahrzehnt des neuen Jahrtausends unterzogen die wechselnden Regierungen die gesetzliche Rentenversicherung einer regelrechten Rosskur: Für die Versicherten bedeuten diese Reformen in der Regel Rentenkürzungen. Die gehen so weit, dass das Rentenniveau schon heute unter 50 Prozent gefallen ist. Trotzdem verlassen sich die Menschen nach wie vor auf die gesetzliche Rentenversicherung. Aus einem einfachen Grund: Die gesetzliche Rente war in der Vergangenheit für die meisten Haushalte die Haupteinkommensquelle im Alter – und sie ist es nach wie vor. Etwa 70 Prozent aller Einkünfte von Rentnern in Deutschland kommen aus der gesetzlichen Rentenversicherung. Wenn die Renten dann in dem Ausmaß sinken wie beschlossen, bringt das einerseits diejenigen in existenzielle Not, die nur wenige Rentenpunkte gesammelt und keine anderen Einkommen haben. Andererseits untergräbt es das Vertrauen in das gesetzliche Rentensystem und unterminiert zugleich dessen Legitimität. Wer will in Zukunft noch in ein Rentensystem einzahlen, das keine Sicherheit mehr bietet?

Die Rente wird für zukünftige Rentner unter den gegenwärtigen Regeln kein Lohnersatz mehr sein. Das ist inzwischen bei den Versicherten angekommen, dafür reicht der Blick auf den jährlichen Rentenbescheid. Was aber ist die gesetzliche Rente dann eigentlich noch? Ein Schutz vor Armut im Alter? Auch das erfüllt die gesetzliche Rentenversicherung derzeit nicht. Wer zu wenig Rente zum Leben hat, muss in Deutschland Sozialhilfe beantragen. Auch wenn sie den Namen Grundsicherung trägt, ist es ein Almosen für Bedürftige. Es ist keine Rente, die die Versicherten mit Würde in den Ruhestand entlässt, es ist eine staatliche Sozialleistung, die Bürger entmündigt, weil sie ihre gesamten Lebensverhältnisse offenlegen müssen und ihnen Leistungen, wie die Mütterrente oder Ansprüche aus staatlich geförderten Privatrenten, auf die sie eigentlich ein Recht haben, wieder wegnimmt.

Die Rentenversicherung wurde vor über 125 Jahren eingeführt – ein Grundpfeiler unseres Sozialsystems. Ihre Reformgeschichte ist lang, sehr lang. Und kaum noch zu überblicken. Allein die Gesetzeschronik für die Jahre von 1989 bis 2015, die die Deutsche Rentenversicherung auf ihren Internetseiten zum Download anbietet, ist nahezu 300 Seiten lang. Aber die Reformen müssen weitergehen. Denn die Belange von Frauen sind in den vielen Jahrzehnten zwar nicht ganz unter den Tisch gefallen, aber doch weitgehend ignoriert worden. Dabei könnten Reformen, die ihre Interessen berücksichtigen, das Rentensystem für alle gerechter machen.

2
125 Jahre nach Bismarck: Das Rentensystem ist dringend reformbedürftig

»Seit der Errichtung dieses Zweiges der Sozialversicherung hat das Alter auch für den besitzlosen Arbeiter seine Schrecken verloren.«[1] So steht es auf einem Plakat, von 1913. Heute findet man es in der Online-Ausstellung des Deutschen Historischen Museums. Das Poster preist die Errungenschaften der damals noch jungen deutschen Sozialversicherung. Doch was war gemeint mit den »Schrecken des Alters«? Sicher nicht das, was eine Autorin der Zeitschrift *Focus* heute im Internet textet: »Die wahren Schrecken des Alters« sind, wenn »sein Penis schrumpft« und »ihre Hüften wachsen«. Die Schrecken des Alters waren für die Arbeiter im ausgehenden 19. Jahrhundert nicht der körperliche Verfall, gemeint war die Angst, mittellos dazustehen und auf Almosen angewiesen zu sein, wenn Krankheit und Alter es nicht mehr zuließen, selbst für den Lebensunterhalt zu sorgen.

Zu Hunderttausenden waren Männer und Frauen im Zuge der Industrialisierung im 19. Jahrhundert vom Land in die Städte gezogen, um mit Lohnarbeit ihren Lebensunterhalt zu bestreiten. Kurz vor der Jahrtausendwende arbeiteten in Deutschland erstmals mehr Menschen in der Industrie als in der Landwirtschaft. Aus Berlin war so eine Industriemetropole mit fast zwei Millionen Einwohnern geworden. Am Ende des Arbeitslebens in der Fabrik oder im Büro wartete auf die Industriearbeiter und kleinen Angestellten nicht das Altenteil, das kleine Häuschen oder der

Anbau, den die alten Bauern bezogen, wenn der Sohn eine neue Familie gründete, die Wirtschaft gemeinsam mit der jungen Bauersfrau weiterführte und die Eltern mitversorgte. Auf die Arbeiter wartete, wenn die Kräfte im Alter nachließen, auch keine Pension, mit der etwa das bayerische Königreich seine Beamten schon zu Beginn des 19. Jahrhunderts versorgte.[2] Und schließlich fehlten den Arbeitern und kleinen Angestellten auch die Mittel, um eine private Versicherung für eine Leibrente abzuschließen, wie das bereits im 17. Jahrhundert reiche Kaufleute und andere wohlhabende Bürger getan hatten, um sich und ihre Familie gegen Risiken wie Invalidität zu versichern.

Arbeiterinnen und Arbeiter besaßen nichts als ihre Arbeitskraft. Wenn sie die im Alter einbüßten und das verloren, was ihnen bis dahin ihre Existenz gesichert hatte, stürzte das ganze Familien in bittere Armut. Das war der Grund, warum der Reichstag 1889 das Invaliditäts- und Altersversicherungsgesetz verabschiedete. Die Alterssicherung war Teil der Sozialversicherung, paritätisch finanziert durch Beiträge der Arbeiter und Fabrikbesitzer. Darüber hinaus steuerte der Staat für jeden Rentner einen Zuschuss bei. Damit stand sozialversicherten Arbeitern ab 1891 erstmals eine Rente zu. Eine Rente, die sie anfangs erst ab dem 70. Lebensjahr erhielten und die keinesfalls den Lohn ersetzte. Aber sie verhinderte schlimmste Not. »Renten waren angesichts der geringen Beträge kaum mehr als ein Zuschuss zum Lebensunterhalt, der vielfach durch weitere Erwerbstätigkeit oder Familienunterstützung und zu einem beträchtlichen Anteil weiterhin durch die Armenfürsorge ergänzt werden musste«, schreibt Winfried Schmähl in seinem Aufsatz zur Geschichte der gesetzlichen Rentenversicherung in Deutschland.[3]

Auf dem Werbeplakat sieht man unterhalb der Überschrift »Altersversicherung« die Zeichnung eines bärtigen alten Mannes. Er sitzt, den Oberkörper aufrecht, die Beine übereinandergeschlagen in einen Ohrensessel geschmiegt und zieht genüsslich an der langen, bis zum Boden reichenden Tabakspfeife. In der anderen Hand hält er ein Buch, das er konzentriert liest. Er tut das, wozu ihm während einer 60-Stunden-Arbeitswoche Kraft und Zeit fehlten. Er genießt den Ruhestand, in vollen Zügen. Sicher tat er das nicht immer. Und allzu viele Arbeiter werden nicht in den Genuss gekommen sein, denn die durchschnittliche Lebenserwartung lag um die Jahrtausendwende für Männer noch bei unter 50 Jahren, für Frauen knapp darüber. Und die Wanderarbeiter oder Gelegenheitsarbeiter, die oft nicht sesshaft waren, hatten noch gar keinen Zugang zum Versicherungssystem.

Das auf dem historischen Plakat skizzierte »Rentnerparadies« war genauso übertrieben wie die heutige Vorstellung von Rentnern, die angeblich Dauerurlaub am Palmenstrand machen. So übertrieben wie die Polemik von Hans-Werner Sinn, einem der prominentesten und einflussreichsten Ökonomen Deutschlands, der behauptet, »Heerscharen von Rentnern« ließen sich heute »von Luxuslinern durch die Weltmeere schaukeln«. In seinem 2015 erschienen Buch mit dem Titel »Die demografische Zeitbombe« schreibt er weiter: »Das wohl großzügigste Rentensystem der Welt« sichere »den Alten ein auskömmliches Transfereinkommen«. Er scheint nur Verachtung übrig zu haben für die angeblich in Saus und Braus lebenden Rentner und für das gesetzliche Rentensystem, das, wenn man genauer hinschaut, gar nicht die Umverteilungsmaschinerie ist, als die es der Ökonomie-Professor – seit 2016 mit Ruhestandsgehalt – mit der auffälligen weißen Schifferkrause beschreibt.

Der Pfeifenraucher im Ohrensessel und der Rentner auf Kreuzfahrt – beide Beschreibungen malen auf ihre Art ein Zerrbild des deutschen Rentensystems. Dennoch gibt es einen entscheidenden Unterschied in der Haltung: Während das Bild von 1913 den Versicherten vermittelte, dass sich Solidarität für jeden Einzelnen lohnt, weil jeder einmal alt wird und in den Genuss der verdienten Rente kommt, erhebt das Klischee von heute den Vorwurf, Rentner würden den Beitragszahlern das Geld aus der Tasche ziehen und es sich auf Kosten der Solidargemeinschaft gutgehen lassen.

Das Plakat von 1913 wurde nach Auskunft des Museums vermutlich in den gerade neu eingerichteten Versicherungsämtern ausgehängt, um für die Reichsversicherungsordnung zu werben. Es erinnerte Arbeiter und Fabrikanten daran, dass sich ihr finanzieller Beitrag zur Sozialversicherung lohnt. Sie half, die Unwägbarkeiten des Lebens, die schnell zur existenziellen Bedrohung werden konnten, zu überstehen. Wer krank ist, wer Opfer eines Unfalls wird oder wer zu alt ist, um zu arbeiten, muss nicht verzweifeln, für ihn und auch für Hinterbliebene ist gesorgt. So die Botschaft des historischen Werbeposters. Es war, verglichen mit heute, ein bescheidener Anfang. Aber es war der Beginn einer kollektiven Versicherung gegen existenzielle Risiken, die auf dem Prinzip der Solidarität gründete und in die nicht nur die Versicherten selbst, sondern die Gesellschaft als Ganzes einbezogen war.

Solidarität mit wem?

Diese Solidarität galt uneingeschränkt allerdings nur für den Arbeiter, nicht für die Arbeiterin. Dabei waren kurz nach der Jahrtausendwende, vor über hundert Jahren, 70 Prozent der unverheirateten und 30 Prozent der verheirateten Frauen erwerbstätig – ohne die Mägde in der Landwirtschaft und die vielen Heimarbeiterinnen mitzuzählen.[4] Für diese Arbeiterinnen galt – genauso wie für die Arbeiter –

eine Sozialversicherungspflicht. Ihre Beiträge und ihre Renten waren jedoch um ein Drittel niedriger – so legte es das Gesetz fest. Wenn sie Kinder bekamen und diese zu Hause versorgten, fielen die Arbeiterinnen wieder aus der Versicherung heraus, und so standen ihre Chancen sehr schlecht, jemals die 30 Jahre Wartezeit zu erreichen, die erfüllt sein musste, bevor Versicherte die Altersrente beantragen konnten. Damit waren Arbeiterinnen, wenn sie Kinder hatten, de facto von der Rente ausgeschlossen.

Die Hürden für Frauen wurden bewusst hochgesetzt – und darin waren sich, wie die Sozialwissenschaftlerin Barbara Riedmüller in dem Buch »Alterssicherung von Frauen« schreibt, die sozialdemokratischen Abgeordneten mit denen anderer Fraktionen im damaligen Reichstag einig. Nicht einmal die Hinterbliebenenrente stand einer Arbeiterwitwe zu. Dass sie ihren Unterhalt durch Erwerbstätigkeit selbst verdient, wurde als selbstverständlich vorausgesetzt, deshalb bekam sie eine Witwenrente erst dann, wenn sie selbst invalide war. »Das soziale Elend der Witwe war zwar bekannt«, schreibt Riedmüller, »wurde aber vorwiegend in der Armenfürsorge verhandelt.« Lediglich in der später, 1911, per Gesetz eingerichteten Angestelltenversicherung wurde Witwen, vorausgesetzt sie hatten Kinder, das Recht auf eine Witwenrente zugestanden.

Mit den Arbeitern, kleinen Angestellten und Selbständigen war der Kreis der Sozialversicherten zu Beginn überschaubar und, was Löhne und Berufe anging, noch recht einheitlich. Nach und nach kamen immer mehr Versicherte hinzu, verschiedene Berufe und unterschiedlich hohe Einkommen. Erst nach der Wiedervereinigung 1990 wurden die für die Arbeiter- und Angestelltenversicherung geltenden Regelungen in einem gemeinsamen Gesetz zusammengefasst. Seit 2005 firmieren beide Institutionen unter dem gemeinsamen Dach der gesetzlichen Rentenversicherung.

Heute sind etwa 75 Prozent der erwerbstätigen Bevölkerung in der gesetzlichen Rentenversicherung versichert. Damit zählt sie 53 Millionen Mitglieder. Die gesetzliche Rentenversicherung ist auch heute, so wie schon bei ihrer Gründung, eine Pflichtversicherung. Das heißt jedoch nicht, dass alle Bürger automatisch, also mit der Geburt oder durch die Staatsangehörigkeit schon versichert wären. Erst mit der ersten »Anmeldung zur Sozialversicherung« durch einen Arbeitgeber, also über die erste abhängige Beschäftigung, treten wir der Rentenversicherung bei. Auch eine Frau, die ein Kind bekommt, und Wehr- oder Zivildienstleistende werden automatisch Mitglied.

Bestimmte Berufsgruppen sind allerdings ausgenommen von dieser Pflicht. Das gilt für Handwerker, Ärzte, Apotheker und Anwälte mit ihren eigenen, berufsständischen Versicherungen, genauso wie für Beamte. Die Tradition der Beamtenalimentierung durch den Staat reicht weiter zurück als die der Arbeiterversicherung. Die Altersversorgung von Beamten wurde erstmals 1873 mit dem Reichsbeamtengesetz für das ganze Land geregelt. Heute bekommen etwa 1,15 Millionen Pensionäre das Ruhegehalt, und 360 000 Verwitwete kamen in den Genuss der Hinterbliebenenversorgung für Beamte – zu 100 Prozent finanziert aus der Steuerkasse.

Es ist eine rasante Entwicklung von einer Altersversicherung für den Industriearbeiter des ausgehenden 19. Jahrhunderts hin zu einer gesetzlichen Rentenversicherung, in der der allergrößte Teil der Erwerbsbevölkerung versichert ist. Trotzdem gibt es eine verhängnisvolle Kontinuität: die krasse Benachteiligung der Frauen. So erinnern die Entscheidungen in der Gründungsphase, Frauen durch lange Wartezeiten und niedrigere Beiträge de facto von der Alterssicherung auszuschließen, auf der anderen Seite aber ihre Erwerbstätigkeit einzufordern, an die Renten- und Sozialpolitik der letzten beiden Jahrzehnte: Die erwerbstätige Frau wird zum gesellschaftlichen Leitbild, gleichzeitig nehmen Regierende – Frauen wie Männer – die niedrigen Renten und die Altersarmut von Frauen billigend in Kauf. Allenfalls ein Trostpflaster in Form der »Mütterrente« ist für sie vorgesehen.

In der Soziologie spricht man davon, dass sich Institutionen entlang eines einmal eingeschlagenen Pfades entwickeln. Ein Pfad, der mit der Gründung festgelegt wird. Auch wenn inzwischen die Hälfte der Erwerbstätigen Frauen sind, wir wandeln in der Altersversicherung noch immer auf dem Pfad des Industriearbeiters. Gleichzeitig sind Institutionen ein Spiegel des gesellschaftlichen Wandels. So gab es auf dem institutionellen Pfad der Rentenversicherung zahlreiche Justierungen – sie sind der Versuch, die Institution den gesellschaftlichen Veränderungen anzupassen. Die Reformen der letzten beiden Jahrzehnte, die in erster Linie Rentenkürzungen für die Versicherten zur Folge hatten, scheinen die Rentenversicherung indes auf Abwege geführt zu haben. Die soziale Absicherung im Alter ist für alle löchriger geworden, die Benachteiligung von Frauen eine traurige Konstante.

Solidaritäts- versus Leistungsprinzip

Die Idee einer staatlichen Sozialversicherung war im ausgehenden 19. Jahrhundert geradezu revolutionär. Neu war die Idee, eine staatliche Institution zu errichten, die auf die Stärke und die Solidarität der Gemeinschaft baute. Zum einen auf die Solidarität der Versicherten untereinander, die Beiträge bezahlen und sich so gegen ein Risiko versichern, ohne vorher genau zu wissen, wer am Ende in den Genuss welcher Leistung kommen wird. Auf der anderen Seite baut die staatliche Sozialversicherung auf die Solidarität derjenigen, die das Versicherungssystem aus guten Gründen mittragen.

Schon zu Gründungszeiten waren das – so wie heute auch noch – die Arbeitgeber und darüber hinaus alle Steuerzahler, die das System über einen Zuschuss mitfinanzieren. Die Arbeitgeber profitierten, weil sie den Beschäftigten Existenzängste und somit Gründe nahmen, aufzubegehren. Sozialer Sprengstoff wurde entschärft. Der Gesellschaft, genauer den Kirchen und den Kommunen, wurde ein Teil der Armenfürsorge abgenommen. Der Staat und allen voran der damalige Reichskanzler Fürst Otto von Bismarck wollte Ende des 19. Jahrhunderts mit der Sozialversicherung die Verarmung großer Teile der Bevölkerung stoppen, zu einem Zeitpunkt, als die traditionellen Sicherungssysteme wie sie die Familien einst geboten hatten, für den modernen Erwerbstätigen nicht mehr funktionierten. Es ging den Regierenden darum, etwas für das Wohl der Arbeiter zu tun, gleichzeitig wollte der Staat Schaden von der Gesellschaft abwenden. Natürlich waren allein mit der Sozialversicherung die sozialen Konflikte, die die Industrialisierung mit sich gebracht hatte, nicht gelöst. Den 8-Stunden-Tag etwa setzte die Arbeiterbewegung erst 1918 durch.

Jeder trage des andern Last

Die Idee, dass einer des andern Last trage, wie es in der Bibel steht, ist viel älter. Sie ist die Grundlage jeder Art von Gemeinschaft. Aber Ende des 19. Jahrhunderts wurde sie erstmals staatliche Sozialpolitik.

Dass Versicherungen dafür ein geeignetes Instrument sind, darüber hatte sich schon der Philosoph und Mathematiker Gottfried Wilhelm Leibniz (1646–1716) Gedanken gemacht. In seiner »Denkschrift über öffentliche Assekuranzen« von 1680 beschrieb er die Gesellschaft als »gemeinsames Schiff [...], welches vielen Wetter und Unglück unterworfen« sei. Da das Unglück aber nicht alle gleichermaßen treffe, sei es gerecht und rechtmäßig, »dass casus fortui [Schicksalsschläge] gemein gemacht werden und einer dem andern sie tragen helfe«.[5] Der Kern einer öffentlichen, im Prinzip jedem zugänglichen Versicherung muss also nach Leibniz solidarisch sein. Eine solche Versicherung sorgt dafür, dass das Schiff auch bei Sturm nicht in den hohen Wellen untergeht. Davon haben alle etwas.

Heute werden die gesetzlichen Renten zu etwa drei Vierteln aus den Sozialbeiträgen der Arbeitnehmer und der Arbeitgeber finanziert, der Rest durch Zuschüsse aus Steuergeldern. 2014 kam die Rentenkasse damit auf Einnahmen von rund 270 Milliarden Euro – solidarisch finanziert. Wie aber sieht es mit dem Prinzip der Solidarität bei der Verteilung des Budgets aus? Wer am Ende des Arbeitslebens wie viel Rente bekommt, hängt strikt von den Beiträgen ab, die einbezahlt wurden. Je größer der Verdienst, desto höher die entrichteten Beiträge und umso höher am Ende auch die Rente. Allerdings ist das Einkommen, für das Rentenbeiträge entrichtet werden, nach oben begrenzt. Für jeden Euro, den ein Versicherter über 6200 Euro (West) oder 5400 Euro (Ost) im Monat verdient, werden keine Rentenbeiträge erhoben und deshalb auch keine Entgeltpunkte auf dem Rentenkonto gutgeschrieben.

Wer also Jahr für Jahr mindestens bis zu dieser Beitragsbemessungsgrenze oder darüber verdient, erhält nach 45 Arbeitsjahren maximal 2630 Euro Rente monatlich aus der gesetzlichen Rentenkasse. Mehr ist nicht drin. Umgekehrt gilt: Je weniger Beiträge über die gesamte Versicherungszeit gezahlt wurden, desto geringer die Rente. Nur: Nach unten gibt es keine Bremse. Deshalb sind kleine und Mini-Renten keine Ausnahme: Mehr als die Hälfte der derzeitigen Rentnerinnen erhält maximal 600 Euro Rente, jede vierte Rentnerin sogar nur bis zu 300 Euro. Von Solidarität keine Spur. Weil die Rentenhöhe in Deutschland so gnadenlos an das Arbeitseinkommen gekettet ist, haben Versicherte mit niedrigem Einkommen keinerlei Aussicht, eine auskömmliche Rente zu erwirtschaften. Unter allen 34 OECD-Mitgliedsländern haben Niedrigverdiener in Deutschland mit halb so viel Einkommen wie der Durchschnitt, relativ gesehen, mit die niedrigsten Renten. Nur in Chile und Mexiko fällt die Lohnersatzrate, also der prozentuale Anteil des Einkommens, den die Rente im Alter ersetzt, noch geringer aus.[6]

Dass Renten ins Bodenlose fallen, war nicht immer so. Schon die Architekten der ersten gesetzlichen Altersversicherung hatten eine Bremse eingebaut. Als die gesetzliche Rente vor über 125 Jahren geboren wurde, beinhaltete sie einen festen Sockelbetrag. Den bekamen alle Versicherten – unabhängig vom Verdienst. Nur der zweite Teil der Rente richtete sich nach den eingezahlten Beiträgen. Mit dieser Kombination aus Solidar- und Leistungsprinzip verhinderten die Gesetzgeber, dass die Rente einen bestimmten Betrag unterschritt. Dafür standen alle ein. Gleichzeitig war sichergestellt, dass diejenigen, die mehr verdient hatten, auch mehr Rente bekamen.

Leistungsprinzip in Reinform

Wer heute eine Rente unter 770 Euro bekommt – das ist mindestens jede dritte Rentnerin – und wer über kein weiteres Einkommen verfügt, den lässt die Deutsche Rentenversicherung im Regen stehen. Die Grundsicherung, die die Versicherten beantragen sollen, um ihre kleinen Renten aufzustocken, ist im Prinzip nichts anderes als Sozialhilfe. Und bei der Sozialhilfe gelten andere Regeln als bei der Rentenversicherung. Aus Versicherten werden plötzlich Bedürftige. Sie haben keinen Anspruch auf diese Sozialleistung, sie wird ihnen aufgrund einer Bedürftigkeitsprüfung gewährt. Das heißt, auch wer eigentlich rentenversichert ist, muss nun beim Sozialamt die gesamten Lebens- und Einkommensverhältnisse offenlegen. Und nicht nur das: Erworbene Rentenansprüche aus Erziehungszeiten, die sogenannte »Mütterrente«, oder aus einer Riester-Rente werden voll auf die Grundsicherung angerechnet. Der Anspruch auf die private, staatlich geförderte Versicherungsleistung verfällt genauso wie die Rentenpunkte für Erziehungszeiten in dem Moment, in dem Versicherte im Sinne des Gesetzes als »bedürftig« eingestuft werden.

Die »Grundsicherung im Alter«, wie die Sozialleistung für Rentner offiziell heißt, wurde 2001 als Teil der Riester-Rentenreformen beschlossen. Das Motiv: Versicherten die Furcht vor dem Sozialamt nehmen. Dass es »verdeckte Altersarmut« gibt, also Menschen mit kleinen Renten, die sich nicht die Blöße geben wollen und lieber auf die Leistungen des Sozialamts verzichten, darüber wird schon seit den siebziger Jahren diskutiert. Also gab man Anfang der 2000er Jahre dem Kind einen neuen Namen. Seitdem beantragen Rentner, wenn die Rentenzahlung nicht zum Leben reicht, nicht mehr Sozialhilfe, sondern Grundsicherung im Alter. Allein, es ändert nichts. Grundsicherung ist, sowohl was die Höhe der Leistung angeht als auch die Regeln, nach wie vor Sozialhilfe. Deshalb ist »verdeckte Altersarmut« auch keineswegs verschwunden.

Ein Gutes brachte die Gesetzesreform immerhin: Kinder von Rentnern, die die Sozialleistung beantragen, müssen nun nicht mehr automatisch für ihre Eltern einspringen, sondern nur dann, wenn sie mit über 100 000 Euro Jahresgehalt sehr gut verdienen. Mit einer Ausnahme: Wer aufgrund von Arbeitslosigkeit die Rente schon vor dem offiziellen Renteneintrittsalter beantragen muss, dessen Kinder müssen zahlen.

Keine Bremse nach unten

Nach heutigem Rentenrecht gibt es für die Versicherten also einen Deckel, der Beiträge und Renten nach oben begrenzt, aber es gibt keinen sicheren Boden. Obwohl dies ursprünglich im deutschen Rentensystem angelegt war. Alle Versicherten erhielten einen einheitlichen Rentengrundbetrag, nur der Teil, der darüber lag, richtete sich nach den Beiträgen, die Versicherte, abhängig von der Höhe ihres Einkommens, einbezahlt hatten.

Diese Konstellation, die solidarische und leistungsbetonte Elemente in der Rentenversicherung miteinander verband, hatte bis in die fünfziger Jahre Bestand. 1957 wurde sie mit der großen Rentenreform unter Konrad Adenauer abgeschafft. Fortan zählte für die Höhe der Rente nur noch, wie lange und in welcher Höhe Beiträge gezahlt wurden. Für die meisten war das kein Problem. Schließlich lief die Wirtschaft wie geschmiert, Arbeit gab es im Überfluss, die Löhne stiegen überall, die Deutschen waren auf ökonomischen und gesellschaftlichen Aufstieg gepolt. Wer aber langfristig bei dieser rein leistungsbezogenen Rentenberechnung auf der Strecke bleibt, ist klar. Alle, die weniger als der Durchschnitt verdienen und keine Vollzeitarbeitsstelle haben. Das waren schon damals meistens Frauen. Ihre Stundenlöhne lagen in den sechziger Jahren 40 bis 45 Prozent unter denen der Männer.[7]

In den letzten fünfzig Jahren hat sich dieser Gender-Pay-Gap zwar halbiert, der Abstand beträgt noch 22 Prozent. Aber an der riesigen Rentenlücke von 50 Prozent zwischen den Geschlechtern haben die besseren Verdienstmöglichkeiten für Frauen nichts ändern können.

Die siebziger Jahre: Mindestrente für Frauen

Weil Frauen mit ihren niedrigen Löhnen in dem nun seit Ende der fünfziger Jahre rein leistungsbezogenen Rentensystem selbst in den wirtschaftlichen Wunderjahren der Bundesrepublik kaum die Chance hatten, eine existenzsichernde Rente zu erwirtschaften, handelte die Politik. Die erste sozialliberale Koalition unter Bundeskanzler Willy Brandt führte 1972 eine Untergrenze bei der Rente ein. Er wollte den Frauen, die trotz langer Erwerbstätigkeit magere Renten erhielten, den erniedrigenden Gang zum Sozialamt ersparen. Und er verstand diese Sozialpolitik als Teil einer Gleichstellungspolitik zwischen den Geschlechtern: »Das Thema stand auf der Tagesordnung und mußte auch und vor allem sozialpolitisch bewegt werden; andernfalls wäre die Gleichberechtigung eine Sache nur für Wohlhabende geworden«, schrieb Willy Brandt 1992 in seinen Memoiren in Erinnerung an die frühen siebziger Jahre, als er gerade zum ersten sozialdemokratischen Bundeskanzler gewählt worden war.[8]

Noch heute gibt es Rentner, die die »Rente nach Mindesteinkommen« beziehen. Geringverdienern wurden ihre Renten aufgestockt – auf ein Niveau, das 75 Prozent des Durchschnittslohns entspricht. Davon profitierten überwiegend Frauen. Der Geltungszeitraum wurde 1992 mit dem Rentenreformgesetz der schwarz-gelben Regierungskoalition mit Unterstützung der SPD verlängert. Die »Rente nach Mindestentgeltpunkten«, wie sie jetzt hieß, hob bei kleinen Renten die einbezahlten durchschnittlichen Rentenbeiträge um 50 Prozent an – wiederum bis maximal 75 Prozent des Durchschnittseinkommens. Bedingung waren allerdings 35 Versicherungsjahre, zu denen neben Zeiten der Erwerbstätigkeit auch Kindererziehung oder Pflege für Angehörige gezählt wurde.[9] Die Gesetzgeber legten gleichzeitig fest, dass die »Rente nach Mindestentgeltpunkten« nur für Rentenversicherungszeiten bis 1991 galt. Wie schon bei der Regelung aus den siebziger Jahren war man überzeugt, dass sich das Problem der niedrigen Einkommen von Frauen binnen weniger Jahre erledigen würde – und damit auch die Notwendigkeit, im Rentenrecht für Ausgleich zu sorgen. Wie wir wissen, ist es anders gekommen.

Rentenpolitik auf Abwegen

Und wie sind die Regierungen seitdem das Problem der niedrigen Renten für Frauen angegangen? Gar nicht. Sie haben, im Gegenteil, durch die wiederholte Veränderung der Rentenformel für eine Talfahrt bei den Renten gesorgt. Ihre Aufmerksamkeit galt vor allem der Höhe des Beitragssatzes zur Rentenversicherung. Der sollte möglichst niedrig bleiben, das schonte Arbeitgeber und hielt die Arbeitskosten in Deutschland auf niedrigem Niveau.

Was die Anwendung der neuen Rentenformel am Ende eines Arbeitslebens für die Versicherten bedeuteten würde, spielte eine untergeordnete Rolle. Ein Teil der verlorengegangenen Rentenansprüche, so hatten es die Regierungsparteien Anfang der 2000er Jahre beschlossen, sollte durch staatlich geförderte Privatvorsorge kompensiert werden. An dieser Stelle hat die Wirklichkeit die Politik längst eingeholt. Riester-Renten haben sich für viele Versicherte als wenig attraktiv erwiesen. Diese von den Entwicklungen am Finanzmarkt abhängigen Produkte haben seit der Finanzkrise 2007/2008 an Vertrauen und an Rendite gleichermaßen eingebüßt. Darüber hinaus lässt die Aussicht auf eine Minirente, die Menschen mit niedrigem Einkommen im Alter in die Sozialhilfe zwingt, die Investition in eine staatlich geförderte Privatrente als vollkommen unvernünftig erscheinen. Warum sparen, wenn am Ende nur die Grundsicherung bleibt und die Riester-Rente auf die Grundsicherung angerechnet, also abgezogen wird?

Beides, die starre Fixierung der Rentenpolitiker auf den Beitragssatz, anstatt den Blick auf die real ausbezahlten Renten zu richten, plus die Auslagerung eines Teils der Rentenversicherung in die Privatwirtschaft sind in den Augen von Experten eine klare Abweichung von dem solidarischen Kurs, den die gesetzliche Rentenversicherung Ende des 19. Jahrhunderts einst vorgegeben hatte.

Mindestrente reloaded

Und was ist aus der Idee geworden, kleine Renten aufzuwerten, damit die alten Menschen nicht zum Fall für das Sozialamt werden? Sie wurde als »Lebensleistungsrente« von der CDU und als »Solidarrente« von der SPD wiederbelebt. Jedenfalls theoretisch. Umgesetzt wurde sie bisher nicht, nicht einmal die genauen Konditionen wurden ausgehandelt. Bereits im Koalitionsvertrag von 2009 hatten die Regierungsparteien CDU und FDP erklärt, für Versicherte, die zwar lange, aber nur wenig eingezahlt haben, eine Rente oberhalb des Grundsicherungsniveaus schaffen zu wollen. Verantwortlich für die Umsetzung war die damalige Arbeitsministerin Ursula von der Leyen.

2012, drei Jahre vor der letzten Bundestagswahl, machte von der Leyen Druck. Mit einem in Auszügen veröffentlichten Schreiben, das sie an eine Gruppe junger CDU-Parteikollegen gerichtet hatte, versetzte sie der deutschen Öffentlichkeit einen »Renten-Schock«. So lautete die Schlagzeile, mit der die *Bild-Zeitung* in ihrer Sonntagsausgabe vom 2. September 2012 die Aussagen von der Leyens zum Zustand des Rentensystems zusammengefasst hatte. »Es steht nicht mehr und nicht weniger als die Legitimität des Rentensystems für die junge Generation auf dem Spiel«, hatte sie in einem Brief an ihre schärfsten Gegner, die Mitglieder der Jungen Gruppe in der Unionsfraktion im Bundestag geschrieben und ihn der *Bild*-Redaktion zugespielt. Gespickt war der Brief mit Berechnungen zu den Rentenerwartungen der gesetzlich Versicherten, die ab 2030 in Rente gehen, also die der geburtenstarken Jahrgänge. Sie zeigten: Alle, die heute weniger als 2500 Euro brutto im Monat verdienen – das entspricht einem Stundenlohn von etwa 14 Euro – und 35 Jahre Vollzeit gearbeitet haben, droht eine Rente unterhalb des Grundsicherungsbetrags von 688 Euro.

Ursula von der Leyens Gesetzentwurf für eine »Lebensleistungsrente« sah vor, kleine Renten auf 850 Euro monatlich aufzustocken. Sie wollte damit, wie sie in einer Talkshow bekannte, den »fleißigen Geringverdienern, die ein Leben lang gearbeitet haben« unter die Arme greifen. Die Hürden waren indes hoch: 35 Beitragsjahre in der Rentenversicherung und eine private Zusatzversicherung à la Riester. Mit ihrem Vorschlag konnte sie sich in ihrer Partei nicht durchsetzen. Nicht wegen der hohen Hürden. Ihre Kollegen bemängelten, dass das Prinzip Rentenzahlung nur gegen einbezahlte Beiträge, das sogenannte Äquivalenzprinzip, mit dem Solidarprinzip vermischt werde. So viel Solidarität war nicht erwünscht. Sozialverbände und Gewerkschaften kritisierten hingegen, die Hürden seien so hoch, dass letztlich nur sehr wenige Versicherte davon profitieren würden. Gerade die, die darauf angewiesen wären, gingen leer aus: diejenigen, die wegen Zeiten der Arbeitslosigkeit nicht auf die geforderten Beitragsjahre kommen, und die, die keine private Zusatzversicherung abgeschlossen haben, weil der Lohn es nicht hergibt.

Nach der Bundestagswahl 2013 tauchte die »Lebensleistungsrente« der CDU-Arbeitsministerin in leicht abgewandelter Form erneut im Koalitionsvertrag auf – diesmal hatten ihn SPD und CDU vereinbart. Und deshalb tauften sie ihr gemeinsames Kind nun »solidarische Lebensleistungsrente«. Die Hürden wurden noch einmal höher geschraubt: Bei Renteneintritt ab 2024 werden nun 40 Versicherungsjahre gefordert. Nach wie vor wird auch verlangt, dass Versicherte in eine private Rentenversicherung investiert haben. Wer das nicht getan hat, soll keinen Anspruch auf die »solidarische Lebensleistungsrente« haben. Das, was sich die Regierung in ihr Arbeitsprogramm geschrieben hatte, war vor allem eine Verschlechterung gegenüber der von der SPD vorgeschlagenen Solidarrente, die nur 30 Beitragsjahre vorgesehen hatte. Aber es kam noch dicker: Laut Koalitionsvertrag sollen auf die »solidarische Lebensleistungsrente« andere Einkommen angerechnet werden, auch die Rente eines Lebens- oder Ehepartners. Das kann bedeuten, dass – je nach Einkommen – nicht 850 Euro monatlich, sondern weniger gezahlt wird. Etwas wolkig formuliert, heißt es außerdem, Antragsteller müssten sich in einer »zweiten Stufe« einer Bedürftigkeitsprüfung unterziehen. So steht es im Koalitionsvertrag. Was das im Einzelnen bedeutet, dazu hat sich die Regierung bislang nicht geäußert.

Also doch wieder nur eine Sozialleistung und keine Rente? Die Bezeichnung »Solidarische Lebensleistungsrente« ist komplett irreführend. Versicherte mit kleinen Renten wieder zu Hilfsbedürftigen zu machen, die kein Recht auf diese Aufstockung haben sollen, sondern auf die Gnade der Gewährung angewiesen sind, ist nicht solidarisch. Und diese Rente prämiert auch keine »Lebensleistung«. Denn das hieße ja im Umkehrschluss, dass diejenigen, die nicht auf die geforderten Beitragsjahre kommen, und das sind die meisten Frauen in Deutschland, auch nichts geleistet haben. Und zu behaupten, mit einer Rente in Höhe von 850 Euro kröne man eine »Lebensleistung«, ist geradezu zynisch. Wenn überhaupt, ist das eine Basisrente, die nicht mehr als das Existenzminimum sichert.

Das Vorhaben »solidarische Lebensleistungsrente« ist seit dem Antritt der Bundesregierung 2013 mehr oder weniger totgeschwiegen worden. Das Arbeitsministerium, in dessen Zuständigkeit die gesetzliche Rentenversicherung fällt, hat bisher lediglich auf schriftliche Anfragen der Opposition im Parlament reagiert. Das musste sie. So bestätigte Anfang 2015 ein Ministeriumssprecher, dass das Vorhaben nach wie vor auf der Tagesordnung dieser Legislaturperiode stehe. Einen genauen Zeitpunkt für die Umsetzung gebe es allerdings nicht. Auch inhaltlich ließe sich nicht mehr dazu sagen als das, was schon im Koalitionsvertrag steht. Das Ministerium für Arbeit und Soziales hatte sich also zur Halbzeit der Legislaturperiode mit dem Thema noch nicht einmal befasst. Daher ist es höchst unwahrscheinlich, dass es noch in der laufenden Legislaturperiode eine Rentenreform für »Geringverdiener und Menschen, die Kinder erzogen oder Angehörige gepflegt haben«, geben wird, wie es im Koalitionsvertrag heißt.

Das Comeback des Industriearbeiters

Die Prioritäten von Arbeitsministerin Andrea Nahles liegen woanders. Schon im Jahr nach ihrem Amtsantritt schnürte sie ein großes Rentenpaket und setzte die abschlagsfreie Rente mit 63 in atemberaubendem Tempo durch. Im Mai 2014 war sie beschlossene Sache. Im Gegensatz zum Vorhaben »Lebensleistungsrente« macht die »Rente für langjährig

Versicherte« nicht nur Versprechen, sie gibt Garantien. Wer zwischen 1953 und 1963 geboren wurde, hat seit dem 1. Juli 2014 ein Recht darauf, die Altersrente zwei Jahre früher zu beantragen – ohne dass, wie sonst verlangt, 3,6 Prozent pro Jahr vom Rentenbetrag abgezogen werden. »Nicht geschenkt, sondern verdient« lautete deshalb auch der Slogan, mit dem das Ministerium für die Rentenreform warb. Voraussetzung für die abschlagsfreie Rente sind 45 Beitragsjahre in der Rentenversicherung, Zeiten der Kindererziehung und Pflege werden ebenso angerechnet wie Zeiten von Krankheit, Kurzarbeit und, in begrenztem Maße, auch Arbeitslosigkeit.

Bei diesen Bedingungen liegt es auf der Hand: In den Genuss der neuen Rente kommen hauptsächlich Männer. So waren von den 136 000 Versicherten, die 2014 die »Rente mit 63« beantragten, mehr als zwei Drittel männlich.[10] Es sind Versicherte, die aufgrund ihrer ununterbrochenen Erwerbsbiografie sowieso vergleichsweise gute Renten erwarten. Nun haben sie zwei Jahre früher ein Anrecht darauf. 2014 kamen die »besonders langjährig Versicherten«, wie sie im Renten-Deutsch heißen, auf Durchschnittsrenten von 1300 Euro (West) und knapp über 1000 Euro (Ost) – der Abzug von Beiträgen zur Kranken- und Pflegeversicherung ist hier bereits eingerechnet.[11] Damit liegen diese Rentenzahlbeträge weit über den 770 Euro, die Rentnern 2014 durchschnittlich ausbezahlt wurde. Wer als privilegierter Frührentner zusätzlich noch eine Betriebsrente hat, kann auch im Rentenalter gut leben. »Verdient« hatten dies nach Vorstellung von Arbeitsministerin Nahles allerdings nur jene, die wie ihr vielzitierter Herr Papa, der mittlerweile legendäre Maurer, jahrzehntelang körperlich hart gearbeitet haben. Sie sollten früher in Rente gehen können – ohne dafür mit Abzügen bestraft zu werden. Das ist nobel. Aber es ist weder gerecht noch solidarisch. Und es widerspricht dem sonst demonstrativ hochgehaltenen Leistungsprinzip: Rente gibt es nur gegen Beiträge.

Warum aber soll eine derart eng umgrenzte Gruppe von Versicherten plötzlich mehr für ihre eingezahlten Beiträge bekommen als andere? Wobei das Mitgefühl erregende Bild vom körperlich versehrten Maurer oder Dachdecker womöglich nicht einmal zutrifft. Denn es sind nicht die Schwerarbeiter, die voraussichtlich von der neuen Regelung profitieren. Der öffentliche Dienst ist nach einer Erhebung des Instituts für Arbeitsmarktforschung die Branche, die am ehesten von der neuen Regelung profitieren wird.[12]

Warum hat nur eine auserwählte Alters- und Beschäftigungsgruppe das »Geschenk« verdient? Die einzig plausible Erklärung: Die abschlagsfreie Rente mit 63 war eine Forderung der Gewerkschaften, der die SPD nachkommen wollte. Als Wiedergutmachung für Kanzler Schröders brachiale Sozialreformen. Jahrelang, angefangen mit den Hartz-Reformen zur Liberalisierung des Arbeitsmarktes bis hin zur Erhöhung des Rentenalters auf 67 Jahre, hatten sich die Sozialdemokraten im Gewerkschaftslager keine Freunde gemacht. Nun wollten sie sich als gefällig erweisen. Reine Klientelpolitik. Bisher hatte sich vor allem die FDP dieser Art von Politik verdächtig gemacht. Die Volkspartei SPD kann das offenbar auch!

Und welches »Rentenpaket« hat die Regierung für die Frauen geschnürt? Sie bekamen auf Wunsch des Koalitionspartners CDU/CSU die »Mütterrente«. Es sind Beiträge, die der Staat – in der Regel aus Steuergeldern – für die Erziehung von Kindern an die Rentenkasse zahlt und die dann in Form von Entgeltpunkten den Versicherten, die Kinder großziehen, gutgeschrieben werden. Als Ergebnis der Rentenreform erhalten sie für Kinder, die vor 1992 geboren wurden, statt einem nun zwei Entgeltpunkte auf dem Rentenkonto gutgeschrieben. Das entspricht zwei Jahren Erwerbstätigkeit zu einem Durchschnittseinkommen. Mit dem Gesetz wurde eine Gerechtigkeitslücke geschlossen zwischen Müttern der älteren und der jüngeren Generation – denn für alle Kinder, die ab 1992 geboren wurden, erhalten Versicherte schon jetzt drei Entgeltpunkte pro Kind. Die neue »Mütterrente«, der größte Posten der Rentenreform von 2014, wird anders als bisher aber zum Teil von den Beitragszahlern getragen. Das ist fragwürdig. Und welchen Charakter haben diese Beiträge für Kindererziehung? Sind auch sie »verdient«, wie es auf dem Rentenpaket steht?

Trostpflaster »Mütterrente«

Die »Mütterrente« ist eine Leistung der Rentenversicherung, aber mit einer Rente hat sie wenig zu tun. Sie trägt vielmehr den Charakter eines Geschenks. Ein Geschenk, das Frauen nur unter bestimmten Bedingungen gewährt wird. Denn den Frauen, die aufgrund ihrer niedrigen Rente auf Grundsicherung angewiesen sind, wird die »Mütterrente« nicht etwa auf die staatliche Sozialleistung draufgeschlagen, sie wird angerechnet, auf Deutsch: abgezogen. Genauso wie etwaige Beträge, die aus einer Riester-Rente mit dem Renteneintritt fällig werden. Das Recht einer abschlagsfreien Rente mit 63 für die einen, Wohlwollen für die anderen – das ist nicht nur mit zweierlei Maß gemessen. Das ist die Fortsetzung des Verrats an der Lebensleistung von Frauen.

Die »Mütterrente« wurde auch aus anderen Gründen kritisiert. Denn die Beiträge für Kindererziehung werden Versicherten nicht pauschal gutgeschrieben. Sie werden mit den Entgeltpunkten verrechnet, die eine Mutter in den ersten drei Jahren nach der Geburt des Kindes durch Erwerbstätigkeit sammelt. Wenn sie mehr als der Durchschnitt verdient, wird die »Mütterrente« gekürzt. Mehr als zwei Entgeltpunkte sind nicht drin, auch nicht für die, die diese Doppelbelastung in Kauf genommen haben. Die Deckelung und damit verbundene Kürzung der Mütterrente trifft vor allem Frauen aus den neuen Bundesländern. Weil sie viel öfter als die Frauen im Westen bereits kurz nach der Geburt ihrer Kinder wieder voll berufstätig waren.

Der neuen »Mütterrente« wird außerdem angelastet, dass sie nun eine Generation von Frauen in den alten Bundesländern mit zusätzlichen Renten versorge, von denen viele ohnehin im Alter einen hohen Lebensstandard genießen. Gemeint waren Frauen, die zwar, weil sie mehr oder weniger ein Hausfrauenleben geführt haben, kaum eigene Rentenansprüche haben, aber von den Renten oder Pensionen ihrer Ehemänner gut leben. In einem Beitrag auf *Spiegel-Online*[13] fragte sich deshalb kurz vor Verabschiedung des Rentenpakets im März 2014 ein Journalist, Jahrgang 1987, warum seine Mutter für ihn und seine vier Geschwister durch die Reform nun zusätzlich 140 Euro im Monat erhalten sollte – wo sie doch als Ehefrau eines pensionierten Oberarztes gut versorgt sei. Nicht dass er ihr die Anerkennung der Familienarbeit mit der »Mütterrente« nicht gönnte, sie habe sie verdient. Der Journalist kritisierte aber das »Gießkannenprinzip«. Das Geld, das nun in die Mütterrente floss, hätten andere nötiger gebraucht. Und: Diese neue »Mütterrente« finanzieren nun zum Teil die Beitragszahler, wobei womöglich weder die Arztgattin noch der pensionierte Ehemann jemals in die gesetzliche Rentenversicherung eingezahlt haben.

Um die Bekämpfung von Altersarmut oder um Gerechtigkeit zwischen den Geschlechtern ging es aber der Regierung bei dem jüngsten Rentenpaket auch gar nicht. Warum sonst hätte sie zugelassen, dass Beträge aus der »Mütterrente« ausgerechnet denjenigen vorenthalten werden, die am dringendsten auf sie angewiesen wären. Die »Mütterrente«

können Frauen nur dann ausschöpfen, wenn sie entweder selbst so hohe Rentenansprüche über ihre Berufstätigkeit erworben haben, dass sie über das Grundsicherungsniveau kommen – oder wenn sie im Alter andere Einnahmequellen haben, so dass sie nicht auf staatliche Sozialleistungen angewiesen sind. Die Hausfrauen-Ehe seiner Mutter, die der junge Journalist im Nachrichtenportal *Spiegel-Online* beschreibt, ist für eine bestimmte Frauengeneration in den alten Bundesländern zwar typisch, die Regel ist sie nicht.

Die »Mütterrente« liefert viel Diskussionsstoff. Ihre Wirkung ist begrenzt – schon gar nicht trägt sie dazu bei, Frauen, die von ihrer eigenen Rente leben müssen, ein Alter in Würde zu ermöglichen oder die Rentenlücke zwischen den Geschlechtern in nennenswerter Weise zu schließen. Das hat Andrea Nahles verschwiegen, als sie den Wählern ihr Rentenpaket schmackhaft machte. Und selbst die Deutsche Rentenversicherung streut ihren Mitgliedern lieber Sand in die Augen, als Aufklärung zu betreiben: »Mehr als ein Dankeschön – und mehr als viele glauben« steht als Überschrift auf ihren Internetseiten, auf denen sie über die Leistungen für Familie und Kinder informiert. Daneben das Foto einer Frau, die stolz auf ihre halbwüchsige Tochter mit lustiger Zopffrisur blickt. »Als Mutter trete ich gerne für meine Kinder beruflich kürzer«, bekennt sie. »Dennoch rechnet mir die Rentenversicherung Beiträge für meine spätere Rente an. Damit bin ich auch später finanziell abgesichert.«

Wie es wirklich um die rentensteigernde Wirkung bestellt ist, hat die Berliner Rentenexpertin Anika Rasner ausgerechnet: Frauen der Babyboomer-Generation in den alten Bundesländern müssten mindestens sieben Kinder bekommen, um in der durchschnittlichen Rentenhöhe zu ihren männlichen Altersgenossen aufzuschließen. Mütterrenten, das zeigt ihr Rechenexempel, werden die Rentenlücke zwischen den Geschlechtern nicht schließen. Zu dem gleichen

Ergebnis kommt die Soziologin Katja Möhring von der Universität Bremen. Ihr Vergleich der Renten von Frauen mit und ohne Kindern in über zehn europäischen Ländern zeigt:[14] Es sind nicht die »Mütterrenten«, die sich positiv auf das Alterseinkommen von Frauen mit Kindern auswirken. Es ist das System der Rentenberechnung an sich. In allen Ländern, in denen wie in den skandinavischen Ländern oder den Niederlanden eine Basisrente gezahlt wird, besteht kaum ein Unterschied in der Rentenhöhe von Frauen mit und ohne Kinder. Norbert Blüm wusste, wovon er sprach, als er vor kurzem die »Mütterrente« in einer Fernsehtalkshow als »symbolische Anerkennung« bezeichnete. Allerdings ging er wohl davon aus, dass das für Frauen ein Trost sei.

Rente für unbezahlte Arbeit

Bis in die achtziger Jahre hinein war Erwerbstätigkeit für Sozialversicherte in der alten Bundesrepublik der einzige Weg, Entgeltpunkte in der Rentenversicherung zu sammeln. Den Familienpolitikerinnen ist es zu verdanken, dass inzwischen auch die häusliche Arbeit im Rentensystem honoriert wird, die Fürsorge für Kinder und andere Familienangehörige. Diese unbezahlte Sorgearbeit gibt es, anders als bezahlte Erwerbsarbeit, im Überfluss. 96 Milliarden Stunden unbezahlter Sorgearbeit stehen in Deutschland jedes Jahr 56 Milliarden Stunden bezahlter Erwerbsarbeit gegenüber. Frauen leisten etwa zwei Drittel der unbezahlten Arbeit und ein Drittel der Erwerbsarbeit. Bei Männern ist das Verhältnis genau umgekehrt.[15] Wäre auch diese Art von Arbeit bezahlt, müssten dafür nach Angaben des Statistischen Bundesamtes 826 Millionen Euro ausgegeben werden, mehr als die Löhne und Gehälter aller abhängig Beschäftigten zusammen. Und die ungleiche Verteilung von unbezahlter Arbeit in Familien gilt selbst dort, wo beide Elternteile in Vollzeit berufstätig sind. Frauen investieren dann während der Arbeitswoche mit 6,5 Stunden fast doppelt so viel Zeit in Hausarbeit und Kinderbetreuung wie Männer, zeigt eine Studie des DIW für das Jahr 2014.[16] Gegenüber 2004 habe sich die Arbeitsteilung kaum verändert, so die Wirtschaftswissenschaftlerin und Gender-Expertin Elke Holst.

Die Rentenreform von 1986 brachte erstmals eine Anrechnung von Kindererziehungszeiten. Die Idee eines »Babyjahres«, also die Erziehung eines Kindes mit einem Entgeltpunkt in der Rentenversicherung zu honorieren, hatten bereits Sozialpolitiker der sozialliberalen Koalition zu Beginn der siebziger Jahre formuliert. Dass sie über zehn Jahre später umgesetzt wurde, war Rita Süssmuth, Familienministerin im Kabinett von Helmut Kohl, zu verdanken. Sie hatte Arbeitsminister Norbert Blüm dieses Zugeständnis abgerungen. Nach der Wiedervereinigung wurden die Ansprüche durch Kindererziehungszeiten weiter ausgebaut. Wer zwei oder mehr Kinder gleichzeitig erzieht oder nach drei Kindererziehungsjahren Teilzeit arbeitet, kann sich Bruchteile von Entgeltpunkten gutschreiben lassen, maximal einen Entgeltpunkt. Das heißt, durch diese Aufwertung lässt sich – zusätzlich zur »Mütterrente« – allerhöchstens ein Rentenplus von derzeit etwa 29 in den alten oder 27 Euro in den neuen Bundesländern monatlich erwirtschaften.

Viel weniger Aufmerksamkeit in der Öffentlichkeit genießt aber die Frage, wie die Arbeit von pflegenden Angehörigen bei der Rentenberechnung honoriert wird. Dabei investieren auch hier Frauen doppelt so viel Zeit wie Männer. Von den etwa 2,5 Millionen pflegebedürftigen Menschen werden in Deutschland zwei Drittel zu Hause versorgt, die meisten von Töchtern, Ehefrauen, Schwestern und Schwiegertöchtern. Mehr als ein Viertel von ihnen gibt deshalb ihren Beruf auf. Die Unterbrechung oder Reduzierung der Berufstätigkeit zieht erneut Gehaltseinbußen und Rentenabschläge nach sich. Eine finanzielle Kompensation für das physisch wie psychisch in hohem Maß anstrengende pflegerische Engagement ist nicht vorgesehen.

Selbst für Berufstätige, die nach dem Pflegezeitgesetz von 2008 bis zu sechs Monate lang aus dem Job aussteigen, gibt es keinen Lohnersatz, so wie es inzwischen das Elterngeld für die Kindererziehung vorsieht. Das Familienpflegezeitgesetz, das seit 2012 in Kraft ist, sollte Berufstätigen die Pflege von Angehörigen erleichtern. Arbeitnehmer können nach dem Gesetz für einen längeren Zeitraum, nämlich für bis zu zwei Jahre, ihre Arbeitszeit auf fünfzehn Stunden reduzieren. Ein Lohnausgleich ist aber auch hier nicht drin. Vermutlich ist das auch der Grund dafür, dass bisher kaum jemand diese »Familienpflegezeit« in Anspruch genommen hat. Bei der Rente gibt es einen gewissen Ausgleich. Sind pflegende Angehörige bei der gesetzlichen Rentenversicherung gemeldet, zahlt die Pflegeversicherung bei einer drei Jahre dauernden Pflege pro Jahr Beiträge in einer Höhe, die 80 Prozent des Durchschnittseinkommens entsprechen. Also 0,8 Entgeltpunkte pro Jahr, das ist weniger als für die Kindererziehung.

Witwenrenten – keine Sicherheit für zukünftige Rentnerinnen

Etwa ein Drittel der derzeit knapp zwölf Millionen Rentnerinnen bezieht neben der eigenen Altersrente noch eine Hinterbliebenenrente. Diese Rentnerinnen, das geht aus dem Rentenversicherungsbericht 2015 hervor, sind vergleichsweise gut gestellt. Ihre Alterseinkünfte bewegen sich auf dem vierstelligen Niveau der durchschnittlichen Renten, die Männer erhalten. Die geschlechterspezifische Rentenlücke beläuft sich, wenn man die Hinterbliebenenversorgungen hinzurechnet, auf null.

Auf Witwenrenten werden sich zukünftige Rentnerinnen aber nicht mehr in dem Maße verlassen können. Zum einen, weil das Rentenniveau allgemein sinkt, das heißt, auch die Renten der Männer schrumpfen – wenn auch, zumindest in den alten Bundesländern, auf einem wesentlich höheren Niveau. Und, auf der anderen Seite, weil Ansprüche von Hinterbliebenen mit der Rentenreform 2001 begrenzt wurden. Die sogenannte »große Witwenrente« beträgt statt 60 nur noch 55 Prozent der Rente des verstorbenen Ehegatten, wenn er 1962 oder später geboren wurde. Verwitweten bis zum Alter von 47 Jahren wird die »kleine Witwenrente« nicht mehr ein Leben lang, sondern nur noch zwei Jahre gewährt – und sie beträgt nur noch ein Viertel der Rente des Ehepartners. »Der Gesetzgeber geht davon aus, dass Sie nach einer solchen Übergangszeit selbst für Ihren Lebensunterhalt sorgen können«, heißt es lapidar in einer Broschüre der Rentenversicherung zur Hinterbliebenenversorgung.[17]

Ansprüche auf eine Witwenrente verfallen gänzlich, wenn eine Frau nach dem Tod des Ehepartners wieder heiratet. Denn die Rentenansprüche aus der Ehe sind lediglich vom Ehegatten »abgeleitete Ansprüche«, wie es im Fachjargon heißt. Die Rentenversicherung geht auch hier nach wie vor vom Prinzip der Versorgerehe aus und rechnet offenbar damit, dass mit der Heirat ein neuer Ernährer an die Stelle des alten tritt. Weil die Rentenansprüche aus Ehezeiten nur »abgeleitete Ansprüche« sind, informiert die Rentenkasse in ihrer jährlichen Renteninformation auch nicht über die individuellen Rentenerwartungen, die sich aus der Ehe ergeben. Jeder bekommt einen getrennten Bescheid, in dem nur die jeweils eigenen, das heißt die eigenständig erworbenen Rentenerwartungen ausgewiesen sind. Der Staat hat es bis heute versäumt, die »abgeleiteten Ansprüche« in eigene umzuwandeln, obwohl Sozialpolitiker dies schon in den siebziger Jahren forderten. Aufgeteilt werden die Rentenansprüche nur im Fall einer Scheidung. Dann werden die Rentenkonten zusammengelegt und die Ansprüche, die beide zu Ehezeiten erworben haben, im Zuge des Versorgungsausgleichs zu gleichen Teilen aufgesplittet.

Inzwischen rechnet die Rentenkasse bei Hinterbliebenen auch einen größeren Anteil des eigenen Einkommens, sei es aus Erwerbstätigkeit oder einer eigenen Rente, auf die Witwenrente an. Wer eine Scheidung hinter sich hat, geht sogar komplett leer aus. Witwenrenten bekommen Frauen nur, wenn sie vor dem Jahr 1977 geschieden wurden. Rentnerinnen, denen eine nennenswerte Witwenrente im Alter die Existenz sichert, wird es in Zukunft immer weniger geben.

Fazit: Bei der Rente ist nach unten keine Bremse eingebaut. Wer nicht genügend einzahlt, muss damit rechnen, im Alter auf Almosen angewiesen zu sein. »Erträge«, die Frauen aufgrund von Sorgearbeit erwirtschaften können, also Rentenansprüche, die für Kindererziehung und Pflege in Aussicht gestellt werden, werden daran nichts ändern. Auch die Hinterbliebenenversorgung wird für Frauen in Zukunft eine weniger zuverlässige Alterssicherung sein. Was aber dann? Gewerkschafter und Sozialdemokraten geben an dieser Stelle in der Regel den Hinweis, Frauen litten eben unter »Erwerbsarmut«. Deshalb müsse das Problem am Arbeitsmarkt gelöst werden. Das ist nicht falsch. Aber diese Antwort reicht nicht aus. Es stimmt, die Chancen für junge Frauen auf dem Arbeitsmarkt haben sich verbessert, verglichen mit denen der Frauen der Babyboomer-Generation, als sie jung waren. Aber wie sieht der Arbeitsmarkt für sie und die Frauen mittleren Alters wirklich aus?

3
Wie die Politik das Problem verschieben will

Am 28. März 2012 berichtete die *Tagesschau* über eine Sitzung des Bundestags, in der es um die Rentenansprüche von Minijobbern ging. Das Bundesarbeitsministerium rechnete vor: Ein Minijobber erhält nach 45 Versicherungsjahren eine Rente von knapp über 180 Euro. Heinrich Kolb, damals stellvertretender Fraktionsvorsitzender und Rentenexperte der FDP-Fraktion, wiegelt in der Stellungnahme vor der Kamera ab: Das sei für Frauen alles halb so schlimm, denn »wenn Ehepaare im Alter zusammenleben, bekommt die Frau ja auch dessen Rente [die des Ehepartners, A. d. Autorin], und wenn er stirbt, die Witwenrente.« Der Fernsehauftritt liegt gut vier Jahre zurück. Das Problem besteht nach wie vor. In Deutschland gibt es sieben Millionen Minijobs; fast jede fünfte Stelle ist damit eine geringfügige Beschäftigung. Wer so arbeitet, hat keine Chance, eine eigene Rente zu erwirtschaften.

Trotzdem scheint die Reaktion des damaligen rentenpolitischen Sprechers der FDP wie aus einer anderen Zeit – und zwar nicht nur, weil die FDP bei den Bundestagswahlen 2013 abgewählt und die öffentlichen Auftritte von FDP-Politikern rar geworden sind. Es gibt noch einen anderen Grund: Kaum ein Bundespolitiker würde heute noch wagen, Minijobs und die daraus resultierenden niedrigen Renten öffentlich mit dem Verweis auf einen etwaig vorhandenen Ernährer zu kommentieren oder gar zu rechtfertigen. Das heißt nicht, dass niemand aus den Reihen der politisch Verantwortlichen mehr so dächte. Schließlich hat die Bundesregierung die Verdienstgrenze von Minijobs erst 2013 von 400 auf 450 Euro angehoben und damit diese sozial kaum abgesicherte Beschäftigungsform, die einmal als Ausnahme gedacht war, erneut ausgeweitet.

Der Familienernährer taugt nicht mehr als Argument

Wer heute angesichts der niedrigen Renten für Frauen auf den Familienernährer verweist, tut dies nicht demonstrativ, sondern verpackt das Argument sorgfältig. So erklärt das Bundesarbeitsministerium in seinem Rentenbericht von 2015 die niedrigen Rentenzahlungen mit dem Hinweis, dass »geringe Rentenbeträge in der Regel durch zusätzliche Einkünfte oder das Einkommen des Ehepartners ausgeglichen [werden] und kein Indiz für niedrige Gesamteinkommen« sind.[1] Mit der knappen Erläuterung verschanzt sich auch das Arbeitsministerium hinter dem Ernährer-Argument – und offenbart dadurch zugleich, dass Rentenpolitik tatsächlich nach wie vor aus dieser Perspektive heraus gestaltet wird.

Dies ganz unverblümt auszusprechen, traut sich heute allerdings kein Rentenpolitiker mehr. Beim Thema Altersarmut den Familienernährer aus dem Hut zu zaubern stünde auch im Widerspruch zu den politischen Weichenstellungen der letzten Jahrzehnte. Der Ehegattenunterhalt nach einer Scheidung wurde gestrichen, die Witwenrenten gekürzt – jeweils mit der Begründung, Frauen hätten jetzt, wo sie die gleichen Rechte genießen, auch die gleichen Pflichten – in diesem Fall die Pflicht zur finanziellen Eigenverantwortung. Dass im Gegenzug die Privilegien des gut verdienenden Familienernährers – vom Ehegattensplitting bis zur beitragsfreien Mitversicherung der Ehefrau – nicht gekappt wurden, ist nicht nur ungerecht – schließlich kommen nur ausgewählte Familien in den Genuss dieser Vorteile. Diese Regelungen sind auch unlogisch. Denn die Gemeinschaft der Steuerzahler subventioniert mit jährlich 20 Milliarden Euro allein durch das Ehegattensplitting eine Lebensform – hier der gut verdienende Ehemann, dort die hinzuverdienende Ehefrau –, die den Frauen, wenn es um die Rente geht, auf die Füße fällt.

Die ehemalige Familienministerin Renate Schmidt und die Finanzberaterin Helma Sick haben darüber ein ganzes Buch geschrieben. Es heißt »Ein Mann ist keine Altersvorsorge«[2] und richtet sich an zukünftige Rentnerinnen. Noch bezieht etwa ein Drittel der Rentnerinnen eine Witwenrente und steht damit vergleichsweise gut da. Die zusätzlichen Einkünfte heben sie auf das Einkommensniveau des durchschnittlichen männlichen Rentners. Aber für die nachfolgenden Rentnergenerationen – auch bereits für die geburtenstarken Jahrgänge, die in den nächsten beiden Jahrzehnten in den Ruhestand treten – werden die Ansprüche aus der Hinterbliebenenversorgung wegen der seit den 2000er Jahren beschlossenen Kürzungen zurückgehen. Höchste Zeit also für ein solches Buch. Zumal die »Hinterbliebenenversorgung« schon seit längerem auf der Streichliste steht. Winfried Schmähl, Wirtschaftswissenschaftler und Kenner der Rentenpolitik, geht davon aus, dass die gegenwärtige Alterssicherungspolitik darauf abzielt, die Hinterbliebenenversorgung der gesetzlichen Rentenversicherung schrittweise ganz auslaufen zu lassen.[3]

Der Arbeitsmarkt soll es richten

Nur vor dem Hintergrund dieses breiten, wenn auch nicht öffentlich vorgetragenen politischen Konsenses ist zu verstehen, warum kein Rentenpolitiker mehr öffentlich an die vermeintliche Versorgungsinstitution Ehe erinnert, wenn es um die niedrigen Renten der Frauen geht. An die Stelle ist eine andere Argumentation getreten. Nicht am streng erwerbszentrierten Rentensystem, das sich für Frauen so nachteilig auswirkt, soll sich etwas ändern. Der Arbeitsmarkt soll es richten. Die Formel »Gute Arbeit, gute Rente«, die seit dem westdeutschen Wirtschaftswunder über Jahrzehnte für die meisten Rentner aufging, muss – so die Logik – doch auch für Frauen funktionieren. Allerdings hat der Arbeitsmarkt von heute nicht mehr viel gemein mit dem Arbeitsmarkt, der bis in die achtziger Jahre hinein existierte.

So können Arbeitsverträge überhaupt erst seit 1985 ohne Begründung befristet werden. Die schwarz-gelbe Regierungskoalition hatte damals angesichts steigender Arbeitslosenzahlen das Beschäftigungsförderungsgesetz beschlossen und damit quasi die erste Runde der Deregulierung des Arbeitsmarktes eingeläutet. Die Folge: Seit Anfang der Neunziger hat sich die Zahl der befristeten Arbeitsverträge verdreifacht. Jede zweite Frau schloss im Jahr 2013 einen befristeten Arbeitsvertrag ab; die Neuverträge für Männer waren zu 38 Prozent befristetet.

In den neunziger Jahren kamen auch ganz neue Arbeitsformen wie etwa die »Solo-Selbstständigen« auf. Sie führen in Eigenregie und eigener Verantwortung die Arbeiten aus, für die Unternehmen und Organisationen niemanden mehr einstellen wollen. »Outsourcing« nannte man das damals. Dazu zählen Dienstleistungen aller Art – von Reinigung und Hausmeistertätigkeiten über Lieferungen und Computerservice bis zu Unterrichtstätigkeiten und den verschiedensten Arbeiten in der Film- und Medienbranche. Diese Solo-Selbstständigen können in der Regel nicht auf festgelegte Honorarsätze bauen wie Rechtsanwälte oder Ärzte. Ihre Honorare sind frei verhandelbar und daher – zumal wenn die Konkurrenz groß ist – häufig niedrig. Unter diesen

Freiberuflern sind viel mehr Frauen als unter den Selbstständigen, die Mitarbeiter beschäftigen. Insgesamt ist die Zahl der Solo-Selbstständigen seit dem Jahr 2000 um 14 Prozent gestiegen.[4]

Auch die derzeit stark nachgefragten Lehrkräfte für Deutsch als Fremdsprache arbeiten oft als Solo-Selbstständige. Im März 2016 demonstrierten sie in Berlin vor dem Innenministerium für bessere Honorare. Mit 23 Euro ist ihr Stundensatz zwar fast doppelt so hoch wie das durchschnittliche Honorar der Solo-Selbstständigen. Trotzdem: Rechnet man die Beiträge zur Sozialversicherung ab, bleiben ihnen bei 100 Unterrichtsstunden im Monat gerade 1300 Euro. Kein Einkommen, das eine Altersrente über dem Sozialhilfeniveau verspricht. Solo-Selbstständige arbeiten unter ähnlich prekären Bedingungen wie Beschäftigte im Niedriglohnsektor. Dabei hat Deutschland unter den westeuropäischen Ländern den größten Niedriglohnsektor, und dort arbeiten ebenfalls überproportional viele Frauen.

Der Arbeitsmarkt hat in den vergangenen dreißig Jahren viele unsichere Arbeitsverhältnisse hervorgebracht. Phasen der Arbeitslosigkeit sind daher eher der Normalfall als die Ausnahme. Das schlug sich zuerst im Lebenslauf der geburtenstarken Jahrgänge nieder. So waren etwa zwei Drittel der Frauen der Babyboomer-Generation im Laufe ihres Erwerbslebens einmal arbeitslos. In den neuen Bundesländern waren sie es besonders lange: Ein Drittel war vier Jahre und länger ohne Arbeit.[5] Und wer länger als ein Jahr arbeitslos ist und Arbeitslosengeld II bezieht, dessen Rentenkonto stagniert. Noch bis 2004 zahlte die Bundesagentur für Arbeit für Arbeitslose volle Beiträge in die Rentenversicherung ein. Die Hartz-Reformen machten Schluss damit. Zunächst führte die Arbeitsagentur noch Mini-Beiträge an die Rentenversicherung ab, seit 2011 gar nichts mehr.

Alles wie gehabt: klassische Arbeitsteilung im Beruf und zu Hause

Während sich der Arbeitsmarkt fundamental gewandelt hat, halten sich andere Strukturen hartnäckig. Weder ist der Einkommensunterschied von über 20 Prozent zwischen Frauen und Männern in den letzten beiden Jahrzehnten in Deutschland nennenswert geschrumpft, noch hat sich an der geschlechterspezifischen Segregation der Berufe viel geändert.

Nach wie vor arbeiten die meisten Frauen in den klassischen Frauenberufen: in der Pflege, Erziehung, Reinigung oder im Büro. Die Mehrzahl der Männer dagegen ist in technischen Berufen oder der verarbeitenden Industrie beschäftigt. Das muss einem nicht gefallen. Und wer wünscht sich nicht, dass sich das ändert? Aber wer Rentenpolitik gestaltet, darf das nicht ignorieren. Denn in den Berufen, die zu 70 Prozent und mehr von Männern ausgeübt werden, liegt der Stundenlohn um fast 40 Prozent höher als in Berufen, in denen überwiegend Frauen arbeiten.[6]

Nicht nur am Arbeitsplatz, auch zu Hause hat sich an der Arbeitsteilung zwischen den Geschlechtern nur wenig geändert – und das, obwohl inzwischen über 70 Prozent der Frauen erwerbstätig und in den alten Bundesländern vor allem mehr Mütter erwerbstätig sind: Nach wie vor verbringen Frauen beinahe doppelt so viel Zeit wie Männer damit, sich um Kinder und Haushalt zu kümmern. Und das gilt fast in gleichem Ausmaß für Paare, bei denen beide Partner in Vollzeit berufstätig sind. Allerdings folgen diesem Doppelverdiener- oder »egalitären Verdienstmodell« immer weniger Familien in Deutschland, wie eine Studie des DIW zeigt. In Westdeutschland ist es nur noch jede fünfte Familie mit Kindern unter achtzehn Jahren, vor zwanzig Jahren war es noch jede dritte. Gleichzeitig gibt es in den alten Bundesländern immer weniger Familien, die sich auf nur einen Verdiener verlassen.

Selbst in den neuen Bundesländern ist das »egalitäre Verdienstmodell« mit vollzeitberufstätigen Eltern, das einmal die Regel war, mittlerweile auf dem Rückzug. Damit setzt sich – in beiden Teilen Deutschlands – immer mehr das durch, was die Berliner Wirtschaftsforscher als »modernisiertes Ernährermodell« bezeichnen: Vater arbeitet Vollzeit, Mutter in Teilzeit.[7]

Frauen als »brachliegendes Erwerbspotenzial«

In Sachen Erwerbsquote – sie gibt den Anteil der Frauen an, die dem Arbeitsmarkt zur Verfügung steht – ist Deutschland mit über 70 Prozent mittlerweile in die Spitzengruppe der Länder Europas aufgestiegen. Dieser Zuwachs geht statistisch allein auf das Konto von Teilzeit-Berufstätigkeit. Das heißt: Die Frauen, die zum Heer der Erwerbstätigen hinzugekommen sind, arbeiten ausschließlich in Teilzeit. Deshalb ist auch die Anzahl der Arbeitsstunden pro erwerbstätiger Frau heute niedriger als noch vor zwanzig Jahren. Damals arbeiteten Frauen im Durchschnitt drei Stunden pro Woche mehr als heute – bei einer um zehn Prozentpunkte niedrigeren Erwerbsquote. Eine wachsende Anzahl von Frauen teilt sich also einen mehr oder weniger gleich groß bleibenden Kuchen an Erwerbsarbeit. Erst seit 2006 nimmt das Volumen der insgesamt geleisteten Arbeitsstunden wieder leicht zu, das Niveau von 1991 wurde jedoch noch nicht wieder erreicht.

Rein theoretisch könnten Frauen also noch in weit stärkerem Ausmaß berufstätig sein: wenn nämlich diejenigen, die dem Arbeitsmarkt gar nicht zur Verfügung stehen, weil sie Kinder oder andere Angehörige versorgen, berufstätig wären und die teilzeitbeschäftigten Frauen ihre Stundenzahl erhöhten. Diese Frauen bilden das riesige Reservoir an Arbeitskräften, das Experten gerne »stille Reserve« nennen. Ließe sich dieses Erwerbspotenzial »mobilisieren«, wie es im Fachjargon heißt, ließen sich gleich mehrere Fliegen mit einer Klappe schlagen: Wenn alle Frauen – mehr als nur halbtags – erwerbstätig sind, kann die Rentenkasse nicht nur die Hinterbliebenenversorgung einsparen, sondern die Unternehmen bekommen gleichzeitig ihre gesuchten Fachkräfte, und jede Frau erwirbt eigene Ansprüche in der Rentenversicherung. Im Prinzip ein guter Deal für alle. Nur – die Wirklichkeit ist viel komplizierter.

»Mobilisierung« – komplizierter als gedacht

Das merkt man, wenn man sich mit Annette E. unterhält. Sie ist 55 und gehört zu den Frauen, denen schon in jungen Jahren der Gedanke fernlag, sich in puncto Lebensunterhalt oder Alterssicherung auf einen Ehemann zu verlassen. Der Wunsch, ein eigenes Einkommen zu haben, hatte höchste Priorität. Deshalb war sie auch seit ihrer Ausbildung zur Verwaltungsangestellten in Nordrhein-Westfalen in den siebziger Jahren nahezu durchgehend berufstätig. Ihre Kinder, die sie in den neunziger Jahren bekommen hat, haben in ihrem Lebenslauf, der mehr als zehn berufliche Stationen in fünf Städten aufführt, keine Lücken hinterlassen.

Annette E. hat als Chefsekretärin, als Assistentin der Geschäftsführung und als Verwaltungsfachkraft mit Ausbildungsberechtigung bei Behörden, in Unternehmen und Hochschulen gearbeitet. Die ersten zwanzig Jahre mit der vollen Arbeitszeit, die nächsten zwanzig Jahre – seit der Geburt der Kinder – meistens halbtags oder 30 Stunden.

Von Teilzeit steht nichts in ihrem Lebenslauf. Warum auch? Es ändert nichts an ihrer Qualifikation. An ihrem Rentenkonto allerdings schon. »Der jährliche Rentenbescheid ist ein Desaster«, ärgert sich Annette E. 977 Euro werden ihr nach vierzig Jahren Berufstätigkeit zustehen. »Ich frage mich ernsthaft, ob ich mir den Spagat zwischen Familie und Beruf nicht hätte sparen können. Denn nach Abzug von Steuern und Krankenversicherung lande ich mit meiner Rente kaum über Sozialhilfeniveau.«

Annette E. wollte sich nie abhängig machen – weder von einem Mann noch vom Staat. Aber manches kam anders als erwartet. Seit zwei Jahren lebt sie mit ihrem Ehemann in Berlin. Es war der vierte gemeinsame Umzug. Den ersten unternahmen sie kurz nach dem Mauerfall. Sie wollten in Dresden Häuser sanieren, die der Familie nach der Enteignung zu DDR-Zeiten rückübertragen worden waren. Doch es gab finanzielle Probleme, und damit zerplatzte auch Annette E.s langgehegter Traum, ein Studium der Betriebswirtschaft nachzuholen. Jetzt stand das Geldverdienen im Vordergrund. Fortan zog die Familie deshalb der Arbeit des Ehemannes hinterher. Wirtschaftlich sinnvoll, denn er war der Hauptverdiener in der Familie. Die erste Station war München. Nach einigen Jahren bot ihm ein Jobwechsel einen weiteren Karrieresprung – diesmal ging die Familie nach Osnabrück. »Ich bin mit einem weinenden Auge gegangen. Denn ich hatte in München eine gut bezahlte Stelle bei einer Filmproduktionsfirma. Aber Pendeln kam für mich nicht in Frage«, sagt Annette E. Sie bereut ihre Entscheidung nicht, aber einen ähnlich gut bezahlten Arbeitsplatz mit angenehmem Arbeitsklima hat sie nie wieder gefunden.

Auch in Berlin nicht. Sie schrieb hier, wie nach jedem Umzug, wieder Bewerbungen. Weil sie gerne arbeitet und weil sie für ihre Rente etwas tun möchte. »Ich bewerbe mich auf Stellen als Büroleitung und Verwaltungsfachkraft. Aber anders als früher bekomme ich sehr schnell Absagen«, sagt sie. Warum, das kann sie nicht mit Sicherheit sagen. »Die schauen zuerst aufs Alter«, mutmaßt Annette E. Sie hat auch Angebote abgelehnt. Etwa die Offerte eines Internet-Versandhauses, wo sie in der Kundenbetreuung für 1300 Euro brutto bei einer 30-Stunden-Woche im Schichtdienst, inklusive Wochenendarbeit, sofort hätte anfangen können. Annette E. hat alles genau durchgerechnet und sich bei der Rentenversicherung beraten lassen. Sie könnte noch 83 Monate arbeiten, in die Rentenkasse einzahlen und dann mit 63 Jahren in Rente gehen – abschlagsfrei. »Aber mit einem solchen Job kann ich an der Rentenhöhe nicht mehr viel ändern«, sagt sie. Annette E. ist wütend, aber Resignieren ist nicht ihre Art. Sie wird sich weiter ehrenamtlich engagieren. Diese Arbeit, sagt sie, beschere ihr mehr Anerkennung. Außerdem überlegt sie, sich noch einmal selbstständig zu machen und dafür ihre Ersparnisse zu investieren. »Die nächsten Arbeitsjahre organisiere ich mir lieber selbst«, so formuliert es Annette E. Sie gehört zur »stillen Reserve«, will sich aber nicht für jede Art von Arbeit »mobilisieren« lassen. Nicht jede Frau hat diese Wahl in einem Alter, in dem es schwierig wird, sich auf dem Arbeitsmarkt zu behaupten. Das weiß auch Annette E.

Existenzängste statt Midlife-Crisis

Was am Arbeitsmarkt nachgefragt wird und was Frauen im mittleren Alter auf dem Arbeitsmarkt suchen und zu bieten haben – diese beiden Seiten lassen sich nicht so leicht in Übereinstimmung bringen. Deshalb gibt es Orte wie »Raupe und Schmetterling – Frauen in der Lebensmitte«. Die Bildungs- und Beratungsstelle im Berliner Stadtteil Wilmersdorf hat ihre Räume im ersten Stock eines repräsentativen Gründerzeitbaus mit Säulenportal und Marmor-Entree. Wer bei dem poetisch anmutenden Namen »Raupe und Schmetterling« an Selbstfindungsseminare oder Kreativkurse für Midlife-Crisis-geplagte Frauen denkt, liegt falsch. Das war einmal. Als West-Berlinerinnen den Verein in den frühen achtziger Jahren gründeten, war er ein Selbsthilfe-Projekt von Frauen für Frauen, die sich nicht damit abfinden wollten, ihre Identitätskrise in der Lebensmitte – damals wurde dafür der Begriff »Hausfrauen-Syndrom« geprägt – mit Psychopharmaka wegzuspülen. Sie nahmen ihre Sorgen und Nöte selbst in die Hand, luden zu Gesprächsrunden und Hobbykursen ein und planten nach Jahren des Hausfrauendaseins gemeinsam den Wiedereinstieg in den Beruf.

Auch heute sind Vorträge wie »Wege zur inneren Gelassenheit« oder Malkurse im Angebot, aber beim Gros der Veranstaltungen geht es um »handfeste« Themen: Beruf, Arbeit, Geld. »Die Frauen, die hierherkommen, sind zwischen Ende dreißig und Mitte fünfzig, mehr als die Hälfte Akademikerinnen«, berichtet Bernhild Mennenga, die den Verein gemeinsam mit Pia Keukert und drei weiteren Projektmanagerinnen leitet. »Aber auch eine 25-Jährige, die sich fragt, wie es weitergehen soll, wenn die Kinder noch klein sind und der Partner sich getrennt hat. Unsere Klientinnen kommen in allen möglichen Umbruchs- und Übergangssituationen.« Immer aber, sagt sie, gehe es um Existenzsicherung.

Die beiden Diplom-Pädagoginnen, die schon seit weit über zehn Jahren in der Beratung tätig sind, beobachten, dass immer mehr Frauen ab Mitte fünfzig in die Beratungsstelle kommen. »Das sind Frauen, die immer berufstätig waren, etwa als Sekretärin oder Sachbearbeiterin – teilweise über zwanzig Jahre bei ein und demselben Arbeitgeber«, erzählt Keukert. »Dann werden die Firmen verkauft oder mit anderen Firmen zusammengelegt, und es kommen jüngere Personalchefs, die meistens überhaupt nicht mit den älteren Frauen können. Die einen werden dann entlassen, andere werden krank, weil sie gemobbt werden, und kündigen schließlich selbst.« Erst nach sehr vielen erfolglosen Bewerbungen kämen diese Frauen zur Beratung, denn zu Beginn der Arbeitssuche seien sie angesichts ihrer guten Qualifikation sehr optimistisch. »Es gibt aber gewisse Branchen – und dazu zählt der gesamte Office-Bereich –, da schreiben diese Frauen hundert Bewerbungen, und sie werden trotzdem nicht eingeladen«, berichtet Keukert. Wenn ihre Klientinnen dann zu Zeitarbeitsfirmen gehen, machten sie die nächste schmerzhafte Erfahrung: »Sie werden zwar genommen, aber auch schnell wieder rausgeworfen.«

Nach Angaben des Bundesarbeitsministeriums vermitteln die Arbeitsagenturen und ihre Jobcenter mehr als jeden dritten arbeitslosen Klienten an solche Leiharbeitsfirmen – mehr als die Hälfte ist aber nach weniger als drei Monaten wieder arbeitslos.[8] Leiharbeitsfirmen profitieren dagegen enorm von der Zusammenarbeit mit den Arbeitsagenturen. Sie beantragen für Arbeitskräfte, die längere Zeit arbeitslos waren, »Eingliederungszuschüsse« und bekommen dadurch bis zur Hälfte des Arbeitsentgelts zurückerstattet. Der Bundesrechnungshof kritisierte diese Praxis im November 2015.

Ältere und der Arbeitsmarkt

Für ältere Frauen, so lautet das Resümee von Pia Keukert und Bernhild Mennenga von der Beratungsstelle »Raupe und Schmetterling«, ist der Arbeitsmarkt in Berlin nicht gut. Wer bereit ist, die Stadt für eine neue Arbeitsstelle zu verlassen, den bestärken die beiden Pädagoginnen. Damit erhöhen sie ihre Chancen. Generell haben es Frauen im fortgeschrittenen Alter auf dem Arbeitsmarkt aber besonders schwer. Das lässt sich auch an der Art der Beratungsanfragen ablesen, die bei der Antidiskriminierungsstelle des Bundes eingehen.[9] Gut die Hälfte aller Anfragen zwischen 2009 und 2012 zu Diskriminierungen im Arbeitsleben betrafen entweder das Alter oder das Geschlecht.

Arbeitslosigkeit ist unter Älteren weit mehr verbreitet als unter Jüngeren. Die bundesweite Arbeitslosenquote lag zu Beginn des Jahres 2016 bei 7,4 Prozent, aber unter den 55- bis 64-Jährigen betrug sie fast 9 Prozent. Selbst in Baden-Württemberg, wo die Arbeitslosigkeit so niedrig ist wie nirgends sonst in Deutschland, ist mehr als jeder dritte Arbeitslose fünfzig Jahre und älter.

Dabei dürften die Zahlen in Wirklichkeit noch um einiges höher liegen. Denn wer in diesem Alter Arbeitslosengeld II bezieht, verschwindet schnell aus der Statistik. Alle, die 58 Jahre und älter sind und von der Arbeitsagentur über zwölf Monate keine sozialversicherungspflichtige Beschäftigung angeboten bekamen, gelten seit 2008 per Gesetz nicht mehr als arbeitslos. »Sie stehen damit zwar nicht erklärtermaßen, aber faktisch der Arbeitsvermittlung nur begrenzt zur Verfügung und sollen daher nicht mehr zur Zahl der registrierten Arbeitslosen gezählt werden«, heißt es in der Begründung des Gesetzes. Die Folge: Mit 63 werden diese Arbeitslosen in Rente geschickt. Ob sie wollen oder nicht, Abschläge von 0,3 Prozent pro Monat haben sie in Kauf zu nehmen.

Was Frauen suchen – und am Arbeitsmarkt nicht finden

Für Simone S.[10] wird ein Umzug nicht in Frage kommen. Sie hat zwei Kinder im schulpflichtigen Alter und ist gerade jetzt mehr denn je auf den Berliner Arbeitsmarkt angewiesen. Denn nach fünfzehn Jahren Ehe steht sie kurz vor der Scheidung. Dass es so weit kommen würde, ahnte die studierte Juristin nicht, als sie während des Referendariats überraschend schwanger wurde. Sie heiratete den Vater des Kindes, einen Beamten im höheren Dienst. Seine Karriere lief bereits in festen Bahnen. Sie dagegen schied aus. »Plötzlich dachte ich: Ich muss jetzt diese Mutterrolle voll übernehmen«, erinnert sich die Mittvierzigerin.

Eine gesellschaftliche Erwartung verbunden mit althergebrachten Rollenvorstellungen habe von ihr Besitz ergriffen, sagt sie, derer sie sich vorher gar nicht bewusst gewesen sei. Neben der Hoffnung auf gesellschaftliche Wertschätzung ließ sie sich auch mit den Aussichten auf die auskömmliche Beamtenversorgung ihres Mannes beruhigen und widmete sich drei Jahre lang ausschließlich der Familie. »Davon habe ich, wenn ich mich scheiden lasse, rein gar nichts. Aber mir ist erst jetzt so richtig klargeworden, in welche Abhängigkeit ich mich als Ehefrau gebracht habe«, sagt Simone S.

Drei Jahre nach der Geburt ihres ersten Kindes fängt sie halbtags wieder an zu arbeiten, als Sachbearbeiterin in einer Behörde. Ihre juristischen Fachkenntnisse sind dort zwar gefragt, aber sie ist überqualifiziert. Ihren Traum, als Juristin in den Auswärtigen Dienst zu treten, hat sie zu diesem Zeitpunkt bereits begraben. Nach der Geburt des zweiten Kindes kündigt sie ihre feste Stelle. Sie versucht wieder an ihre Ausbildung anzuknüpfen und heuert in einer Anwaltskanzlei an. Der Stundenlohn ist für eine Juristin angemessen, aber der Arbeitgeber will ihre 10-Stunden-Stelle nicht ausweiten. Sie bekommt keinen Fuß in die Tür. Danach versucht sie ihr Glück als selbstständige Beraterin. Sie will finanziell endlich wieder unabhängig sein. »Ich hatte ein paar gute Aufträge«, erzählt sie, »aber die Kontinuität fehlte.«

Weil die Arbeit nicht genug abwarf, schrieb Simone S. wieder Bewerbungen. Wenn sie sich ihrer Qualifikation gemäß auf Stellen bewarb, die ein Jura-Studium voraussetzten, kassierte sie ausschließlich Absagen. Sie war schon zu lange draußen. Seit einem Jahr arbeitet sie deshalb wieder halbtags als Sachbearbeiterin in einer Behörde. Die Stelle ähnelt der früheren, ist aber wesentlich schlechter bezahlt – und befristet dazu. Das, sagt Simone S., war die größte Kröte, die sie schlucken musste. Für ihre Vorgesetzten übernimmt sie jetzt oft Extra-Arbeiten in der Hoffnung, dass es nach Vertragsende weitergeht.

Sie denkt dabei vor allem an ihre Rente. Laut der jährlichen Mitteilung von der gesetzlichen Rentenversicherung erwartet sie, falls sie die nächsten zwanzig Jahre so viel verdient wie in den letzten fünf Jahren, eine Rente von 750 Euro. Bei dieser Rentenhöhe empfiehlt die Behörde ihren Versicherten, Grundsicherung beim Sozialamt zu beantragen. So weit muss es nicht kommen. Aber allein der Gedanke, sie könnte am Ende ihres Arbeitslebens als Bittstellerin beim Sozialamt stehen, macht sie wütend. »Eigentlich würde ich gerne beruflich noch einmal etwas wagen«, sagt Simone S. »Aber dafür fehlt mir mit Blick auf die Rente die Gelassenheit.« Sie geht notgedrungen den berechenbareren Weg. Vorerst wird sie also Sachbearbeiterin bleiben; den Job als Familienmanagerin hat sie sowieso. So wie ihre Kolleginnen. »Das sind fast alles Mütter«, berichtet Simone S. »Die fangen um sieben Uhr morgens an und gehen um zwei Uhr nachmittags, um für die Kinder da zu sein.«

Was heißt hier Arbeitsmarktboom!

Man kann den Berliner Arbeitsmarkt auch aus einer ganz anderen Perspektive betrachten. Und aus dieser bietet er Frauen hervorragende Chancen: In den öffentlichen Unternehmen Berlins sind Frauen in Vorstand, Aufsichtsrat und Geschäftsführung so stark vertreten wie in keiner anderen deutschen Kommune. Und der Arbeitsmarkt der Hauptstadt gilt als einer der dynamischsten in ganz Deutschland. Die Arbeitslosenquote gehört mit über 10 Prozent zwar zu den höchsten im Land, ist aber auf dem niedrigsten Stand seit 25 Jahren. Auch die Zahl der sozialversicherungspflichtigen Stellen steigt rekordverdächtig. Mit 100 000 zusätzlichen Beschäftigten in den letzten drei Jahren ist Berlin bundesweit Spitzenreiter.

Das sind in der Tat gute Nachrichten. Für die Berliner, die auf Arbeitsplatzsuche sind, haben sie jedoch einen bitteren Beigeschmack. Denn nach Auskunft der Berliner Senatsverwaltung wurden gut 90 Prozent der neuen Stellen im Jahr 2015 im Dienstleistungssektor geschaffen – etwa die Hälfte davon in schlecht bezahlten Branchen wie Gastronomie, Handel, Gesundheits- und Sozialwesen oder Kommunikation.[11] Hinter dem Begriff »Kommunikationsbranche« verbergen sich vor allem Call-Center. Die andere Hälfte der neuen Stellen ist im Bereich »unternehmensnaher Dienstleistungen« entstanden. Die können, müssen aber nicht gut bezahlt sein. Denn dazu gehören so unterschiedliche Tätigkeiten wie Unternehmensberatung, Design, Buchhaltung und Steuerberatung, aber auch Handwerkstätigkeiten, Kantinenbetrieb oder Gebäudereinigung. Und weil die Arbeitslosenquote in Berlin nicht in dem Maß sinkt, wie es die neuen Arbeitsplätze erwarten lassen, gehen Beobachter davon aus, dass viele Stellen – besonders die Jobs in der boomenden Start-up-Branche und die Arbeitsplätze, die eine höhere Qualifikation erfordern – nicht von Berlinern, sondern von Bewerbern von außerhalb besetzt werden. Führt man sich vor Augen, was genau hinter den Erfolgsmeldungen steht, erscheinen die Erfahrungen, die Annette E. oder Simone S. machen, plötzlich nicht mehr als Ausnahmen, die sich mit einfachen Erklärungen vom Tisch wischen lassen.

Aber es gibt auch Regionen in Deutschland, wo die Arbeitslosigkeit unter 5 Prozent liegt und damit noch nicht einmal halb so hoch ist wie in Berlin und Brandenburg. Können sich Frauen zum Beispiel in Baden-Württemberg mehr erhoffen? Darüber kann Anke Wiest Auskunft geben. Sie leitet in Ludwigsburg, einer Kreisstadt unweit von Stuttgart, die »Kontaktstelle Frau und Beruf«, die vom Ministerium für Finanzen und Wirtschaft des Landes Baden-Württemberg gefördert wird. Sie und ihre Kolleginnen beraten Frauen, die an ihrer beruflichen Situation etwas ändern wollen. Wer als Frau wegen der Familie jahrelang in Teilzeit gearbeitet hat und jetzt im Beruf mehr Verantwortung übernehmen oder die Branche wechseln will, hat in der Region gute Chancen, sagt Anke Wiest. »Es kommt hier öfter vor, dass Frauen mit 52 noch ihren Traumjob finden.«

Die Schwierigkeiten in Baden-Württemberg liegen woanders: Eine adäquate Stelle zu finden ist hier vor allem für Frauen schwer, die kleine oder schulpflichtige Kinder haben und deshalb eine Teilzeitstelle suchen. Sie finden selbst dann kaum Teilzeitbeschäftigungen, wenn sie mit ihrer beruflichen Qualifikation eigentlich zu den händeringend gesuchten Fachkräften gehören. »Wir haben hier zahlreiche Ingenieurinnen, die einfach keine 30-Stunden-Stelle finden«, berichtet Anke Wiest. Modelle wie Job-Sharing in solchen Berufen oder auf Führungsebene, das gebe es nur in der Theorie, bemängelt Wiest, die seit zwanzig Jahren die Entwicklung des Arbeitsmarktes für Frauen in Deutschland und der Region beobachtet.

Die Unternehmen haben es offenbar trotz beklagtem Ingenieurmangel nicht nötig, sich auf die Arbeitszeitwünsche der Ingenieurinnen einzulassen. Sie rekrutieren ihre Fachkräfte einfach andernorts. So hat das Land Baden-Württemberg parallel zu einem Förderprogramm für Ingenieurinnen ein Programm zur Rekrutierung von Ingenieuren im europäischen Ausland aufgelegt. »Der junge spanische Ingenieur schafft dann 60 Stunden die Woche«, sagt Anke Wiest. Ein Angebot, das sich Unternehmen nicht entgehen lassen – die Ingenieurinnen suchen indes andere Wege. »Die setzen sich zur Not als Minijobberinnen an die Kasse im Naturkostladen. Das ist für den Moment aus ihrer Sicht die beste Lösung«, berichtet Wiest. Finanziell gehe dieses Modell für die meisten auf, denn in der wirtschaftlich florierenden Region hätten die meisten einen gut verdienenden Ehemann. Der 450-Euro-Job fällt steuerlich nicht ins Gewicht, und die Frauen sind kostenfrei über den Ehemann krankenversichert. Eine nennenswerte Rente können die Ingenieurinnen so nicht erwirtschaften.

Was Anke Wiest in Baden-Württemberg beobachtet, ist keine Ausnahme. Die Hinzuverdiener-Ehe ist das Standardmodell in Deutschland. Deshalb gibt sich Anke Wiest auch keinen Illusionen hin: »Die Höhe der Rente für Frauen in Deutschland«, sagt sie, »hat in Wirklichkeit gar nichts mit dem Arbeitsmarkt zu tun, sondern allein mit dem Lebenslauf.«

»Perspektive Wiedereinstieg«?

Weil sich in bestimmten Phasen die Lebensumstände von Frauen und der Arbeitsmarkt offenbar abstoßen wie Öl und Wasser, hat die Bundesagentur für Arbeit bereits 2008 ein Programm mit dem Namen »Perspektive Wiedereinstieg« aufgelegt. Es bietet Checklisten und Entscheidungstipps im Internet, aber auch Beratung und Coaching in den örtlichen Arbeitsagenturen. Für das Programm wurden eigens Stellen für sogenannte Wiedereinstiegsberater geschaffen. Allerdings ließ die Behörde andere, wesentlich großzügigere Programme für Wiedereinsteigerinnen auslaufen. Über viele Jahre hatten beispielsweise Frauen mit Kindern bis zu sechzehn Jahren, die zurück in den Beruf wollten und sich beim Arbeitsamt meldeten, das Recht auf eine berufliche Anpassungsqualifizierung. 2013 war Schluss damit.

Das mehrfach ausgezeichnete aktuelle Förderprogramm »Perspektive Wiedereinstieg« richtet sich, wie der Name schon sagt, an Frauen, die nach Zeiten, in denen sie sich ausschließlich um ihre Kinder gekümmert oder Angehörige gepflegt haben, wieder berufstätig sein wollen. So lebt denn auch die typische Teilnehmerin, wie eine Auswertung des Instituts für Arbeitsmarkt und Berufsforschung zeigt,[12] mit Ehemann und zwei schulpflichtigen Kindern zusammen in einem Haushalt in Westdeutschland. Nahezu alle haben eine abgeschlossene Berufsausbildung, die Hälfte sogar einen Hochschulabschluss. Gelingt ihnen der Wiedereinstieg?

Den meisten ja, aber nicht zu den Konditionen, die sie sich wünschen. Vor der Familiengründung waren die meisten in Vollzeit berufstätig, nun suchen sie, wie die Befragung der Teilnehmerinnen ergab, eine Arbeit mit mehr als zwanzig, aber unter vierzig Wochenstunden. Nur jede fünfte Teilnehmerin fand eine entsprechende Arbeitsstelle. Jede dritte fand sich, anders als gewünscht, in Mini-Teilzeit mit zwanzig Stunden und weniger wieder. 16 Prozent arbeiteten nach Abschluss des Förderprogramms in einem Minijob. Von Vollzeit in Mini-Teilzeit und Minijob? Wunsch und Wirklichkeit klaffen bei den Frauen offenbar genauso weit auseinander wie Anspruch und Wirklichkeit in der Politik. Denn eine berufliche Perspektive, die auch Renten erwarten lässt, die zum Leben reichen, hat das Programm den wenigsten Teilnehmerinnen eröffnet.

Gute Voraussetzung: faire Bewerbungsverfahren

Ein Weg, Angebot und Nachfrage auf dem Arbeitsmarkt passgenauer und dabei möglichst diskriminierungsfrei zusammenzubringen, bieten anonymisierte Bewerbungen. Was in Nordamerika und Großbritannien, aber auch in Belgien zumindest im öffentlichen Dienst schon gang und gäbe ist, nämlich der Verzicht auf Angaben wie Familienstand, Alter, Geschlecht und Nationalität in Bewerbungsschreiben, damit wird hierzulande erst experimentiert. Das aber mit Erfolg. Darauf deuten die Ergebnisse zweier Pilotprojekte der öffentlichen Verwaltung in Berlin und der Antidiskriminierungsstelle des Bundes hin, an dem sich seit 2010 acht Unternehmen und Behörden aus ganz Deutschland über jeweils zwölf Monate hinweg beteiligt haben.

Die Personalverantwortlichen heben hervor, dass die anonymisierte Bewerbung ihnen bei der Auswahl der Kandidaten für ein Bewerbungsgespräch geholfen habe, sich auf die Qualifikation des Bewerbers zu konzentrieren. Keine Ablenkung durch Fotos, durch Altersangaben oder Angaben zum Geschlecht und zum Familienstand. Die Berliner Senatsverwaltung für Arbeit, Integration und Frauen zieht denn auch im Abschlussbericht für ihr Pilotprojekt im März 2015 ein positives Resümee: »Der Anspruch, im Rahmen der Bestenauslese qualifizierte Bewerberinnen und Bewerber einzustellen, wird über anonymisierte Bewerbungsverfahren im besonderen Maße erfüllt.«[13]

Die Auswertung des bundesweiten Experiments zeigt, dass sowohl Frauen als auch ältere Bewerber von anonymisierten Bewerbungsverfahren profitieren: Frauen haben im Vergleich zum herkömmlichen Verfahren tendenziell bessere Chancen, zu einem Vorstellungsgespräch eingeladen zu werden«,[14] heißt es in dem Bericht. Und auch beim Alter zeigten sich Effekte: Eine der teilnehmenden Organisationen beobachtete, dass die Altersunterschiede bei den nach dem anonymisierten Verfahren ausgewählten Bewerbern größer waren als gewöhnlich. »Daraus resultierte auch die Einstellung einer – im Vergleich zum Durchschnitt – älteren Person, die vermutlich ohne die Anonymisierung keine Chance erhalten hätte, sich persönlich vorzustellen«,[15] schreiben die Wissenschaftler, die das Pilotprojekt ausgewertet haben.

Auch Stefan Bürkle, Geschäftsführer eines mittelständischen Stuttgarter Elektrotechnik-Unternehmens hat mit anonymisierten Bewerbungsverfahren nur gute Erfahrungen gemacht. Er nimmt an einem Modellprojekt des Integrationsministeriums in Baden-Württemberg teil und berichtet in einem Interview auf *Spiegel-Online*, dass eine andere Mischung von Bewerbern eingeladen würde als bei klassischen Verfahren – auch weil sich andere Leute bewerben als sonst. »Auch Frauen im mittleren Alter mit Kindern bewerben sich, das gab es früher selten«, sagt der Firmenchef.[16]

Notlösung: »frisierte Bewerbungen«

Wenn Stellenbesetzungen grundsätzlich auf diese Art und Weise stattfänden, würden Frauen – und vor allem ältere Frauen – doppelt profitieren: Die Chance auf ein Vorstellungsgespräch würde sich erhöhen, und der Aufwand, im Lebenslauf Angaben wie das Alter oder die Kinderzahl zu verschleiern, würde wegfallen.

Aufgrund ihrer jahrzehntelangen Erfahrung raten nämlich Pia Keukert und Bernhild Mennenga von der Berliner Beratungsstelle »Raupe und Schmetterling« dazu, den eigenen Lebenslauf zu »frisieren«. »Bestimmte Daten wie Geburtsdatum oder auch Geburt der Kinder sollten nie ganz oben stehen«, sagt Pia Keukert. »Und wir raten auch, nicht so etwas wie ›1978: Abitur‹ in den Lebenslauf zu schreiben. Der Personaler, der die Bewerbung in der Hand hält, ist vielleicht erst Mitte dreißig und denkt sofort: In dem Jahr war ich ja noch gar nicht geboren. Oder: So alt ist meine eigene Mutter. Da werden in Bruchteilen von Sekunden Bilder abgerufen.« Und die können darüber entscheiden, ob eine Bewerberin überhaupt die Chance bekommt, sich persönlich vorzustellen.

Das »Frisieren« kann so weit gehen, dass sogar die Elternzeit aus dem Lebenslauf gestrichen wird. »Diese Empfehlung empfinden viele Frauen als besonders kränkend«, hat Keukert beobachtet. Kein Wunder: Das gesellschaftlich Erwünschte – nämlich für die Kinder da zu sein, solange sie klein sind – wird plötzlich zum Makel.

Bei anonymisierten Bewerbungsverfahren wären solche Überlegungen nicht mehr notwendig. Denn wenn dann überhaupt noch Angaben wie die zu einer Elternzeit gemacht werden, können diese nicht mehr automatisch einem Geschlecht zugeordnet werden. Sie verlieren für die Entscheidungsfindung von Personalverantwortlichen an Relevanz, weil sie als nicht aussagekräftig für die Qualifikation angesehen werden, oder aber sie werden sogar positiv bewertet, weil sie zeigen, dass die betreffende Person Verantwortung für einen anderen Menschen übernimmt. Anonymisierte Bewerbungen, bei denen von vornherein festgelegt ist, welche persönlichen Informationen im Lebenslauf preisgegeben werden und welche nicht, würden Bewerbungsverfahren ein Stück transparenter machen – auf einem

Arbeitsmarkt, auf dem Arbeitssuchende ihre Chancen sowieso oft nur schwer einschätzen können.

Die Mär vom Fachkräftemangel

Transparente Ausschreibungs- und Bewerbungsverfahren sind das eine, was sich die Arbeitsmarkt-Beraterinnen aus Berlin wünschen. Ihr zweiter Wunsch: ein realistischeres Bild der Lage am Arbeitsmarkt. »Jeder spricht vom Fachkräftemangel«, sagt Bernhild Mennenga, »und hier kommen dann die Arbeitssuchenden an und fragen: Warum bekomme ich keinen Job?«.

Wie mit dem Fachkräftemangel falsche Hoffnungen geweckt und gleichzeitig der Zustand des Arbeitsmarktes schöngeredet wird, beanstanden nicht nur die Mitarbeiterinnen der Beratungsstelle »Raupe und Schmetterling«. Auch das DIW mahnt auf seiner Internetseite Journalisten, Arbeitsmarktberater und auch Politiker zur »besonderen Achtsamkeit im Umgang mit Informationen zum Fachkräftemangel«. Denn unter Wissenschaftlern ist umstritten, was unter Fachkräftemangel eigentlich genau zu verstehen ist. Einig ist man sich nur, dass »in Deutschland derzeit kein flächendeckender Fachkräftemangel herrscht, sondern sich lediglich in einigen speziellen Berufen Engpässe abzeichnen«.[17] Genauso schätzt auch die Bundesagentur für Arbeit in ihrer »Fachkräfteengpassanalyse« von Dezember 2015 die Lage ein.[18] Mangel bestehe zum Beispiel bei Medizinern, einigen technischen Ausbildungsberufen, aber auch bei Informatikern und Ingenieuren. Das gilt aber jeweils nur für einige Bundesländer. Lediglich bei examinierten Altenpflegekräften stellt die Arbeitsagentur in allen sechzehn Bundesländern einen »Fachkräftemangel« fest.

Wie aber definiert die Behörde einen Mangelberuf? Fachkräftemangel besteht laut Agentur für Arbeit bereits dann, wenn es für einen Beruf weniger Stellensuchende als gemeldete Stellen gibt und wenn diese Arbeitsplätze überdurchschnittlich lang unbesetzt bleiben – eine Definition, die Wirtschaftswissenschaftler kritisieren.

»Nur Arbeitslose und gemeldete Stellen zu zählen, das reicht nicht. Die Bewegungen auf dem Arbeitsmarkt sind viel komplexer«, sagt Karl Brenke, wissenschaftlicher Referent am DIW. Nicht als Stellensuchende mitgezählt würden zum Beispiel diejenigen, die zwar einen der gefragten Berufe haben, aber – so wie die Ingenieurinnen aus Baden-Württemberg – notgedrungen in einem anderen Beruf arbeiten. Außerdem sei die Suche nach neuen Mitarbeitern auch nur einer der Gründe, warum Unternehmen annoncieren: »Unternehmen schalten auch Stellenanzeigen, um das Angebot an Arbeitskräften ganz generell zu sondieren oder der Konkurrenz zu signalisieren, wie gut es im eigenen Unternehmen läuft«, sagt der promovierte Soziologe und Wirtschaftswissenschaftler.

Auch bei öffentlichen Arbeitgebern steht hinter einer Stellenanzeige nicht immer ein Arbeitsplatz, der zu vergeben ist. Die Stelle muss aber, sobald sie mit öffentlichen Geldern finanziert ist, öffentlich ausgeschrieben werden – selbst dann, wenn die Besetzung schon längst feststeht.

Zweiteilung des Arbeitsmarktes erhöht die Hürden

Für Frauen und für Ältere ist es besonders schwierig, sich im Wettbewerb um einen »guten« Arbeitsplatz zu behaupten. Zwischen dreißig und vierzig, dem Jahrzehnt, in dem Berufstätige die Früchte ihrer Bildung ernten, gelten Frauen ihren Vorgesetzten und Kollegen als potenziell »werdende Mutter«, die sich vielleicht bald beruflich nicht mehr so engagieren will. Auf den Karrierepfad setzt man dann lieber »zuverlässigere« Kandidaten. Gehen Frauen das »Berufsrisiko« Schwangerschaft ein und treten für die Kinder, solange sie klein sind, beruflich kürzer, kann es sein, dass sie gegen ihren Willen für immer in Teilzeit bleiben, dass sie in Minijobs oder ganz aus dem Beruf gedrängt werden. Im mittleren Alter schließlich, wenn Frauen die Doppelbelastung von Kindern und Beruf hinter sich gelassen haben und beruflich noch einmal richtig durchstarten können, wird ihr Wissen und ihre Erfahrung am Arbeitsmarkt nicht unbedingt geschätzt.

Die Aussichten auf »gute« Arbeit, also unbefristete Vollzeit- oder nahezu Vollzeitarbeitsplätze, sind ungleich verteilt. Dass sie für Frauen und Ältere weniger gut sind, ist für Arbeitsmarktforscher wie Thomas Biegert unumstritten. Der Sozialforscher vom Wissenschaftszentrum Berlin (WZB) konnte in einer vergleichenden Studie zeigen, dass in dieser Hinsicht die Hürden in Deutschland besonders hoch liegen.[19] Der Grund ist die Zweiteilung des Arbeitsmarktes: auf der einen Seite befristete und unsichere Teilzeitbeschäftigung und auf der anderen Seite sichere Vollzeitarbeitsstellen, die nicht nur höher dotiert sind und einen besseren Schutz vor Arbeitslosigkeit, sondern auch eher Aufstiegsmöglichkeiten bieten und eine auskömmliche Rente in Aussicht stellen. Je attraktiver diese Arbeitsplätze sind und je besser dieses »Filetstück« des Arbeitsmarktes durch Gesetze und Tarifvereinbarungen geschützt ist, desto schwieriger ist es, so ein Ergebnis der Studie, für Arbeitssuchende, in diesen Teil des Arbeitsmarktes vorzudringen.

In Großbritannien, wo es weder diese hohe Arbeitsplatzsicherheit gibt noch ein Rentensystem, das diese Arbeitsplätze bevorteilt, ist der Arbeitsmarkt durchlässiger. Generell fassen dort Arbeitslose schneller wieder Fuß. Zudem sind, so ein weiteres Ergebnis der Studie, in Großbritannien weder Frauen noch Ältere in dem Maße vom »guten« Arbeitsmarkt abgeschnitten wie in Deutschland.

Raus aus der Abhängigkeit

Die Rente ist die Prämie für eine »Lebensleistung«, und diese »Leistung« wird allein am Arbeitsmarkt erbracht – darüber besteht Konsens unter den meisten Renten- und Arbeitsmarktpolitikern der Parteien genauso wie der Gewerkschaften. Folgt man dieser Logik, müssten sie sich schleunigst daranmachen, das Problem der aus Erwerbstätigkeit folgenden niedrigen Renten für Frauen zu lösen. Der Mindestlohn ist ein richtiger Schritt in diese Richtung genauso wie die Begrenzung der Leiharbeit, wie sie die Regierungskoalition im Mai 2016 beschlossen hat. Aber dies können nur die ersten Schritte sein. Glaubwürdig wäre diese Argumentation erst dann, wenn auch ein Job, der mit dem Mindestlohn vergütet wird, am Ende des Arbeitslebens eine Rente und nicht nur Sozialhilfe verspricht und wenn die 450-Euro-Jobs kein Massenphänomen, sondern nur noch die Ausnahme wären. Genauso wichtig ist es, ein realistischeres Bild des Arbeitsmarktes und der beruflichen Chancen für Frauen zu zeichnen – insbesondere für die, die nicht mehr ganz jung, aber noch lange nicht alt sind.

In der Titelgeschichte »Die Frau um Vierzig« berichtete die *Spiegel*-Redakteurin Marion Schreiber im November 1984 über die Gründung des Berliner Treffpunkts »Raupe und Schmetterling«.[20] In der Reportage kommen Frauen aus Westdeutschland und Westberlin zu Wort, die sich aus den »gesellschaftlichen Zwängen und Normen befreien« wollten, wobei diese Krise in der Lebensmitte vor allem als seelische Krise gedeutet wurde – hervorgerufen durch mangelnde Anerkennung und die finanzielle Abhängigkeit von den Ehemännern. Ein »Weg aus der Krise«, schrieb die *Spiegel*-Redakteurin damals, »ist der Frau in der westdeutschen Gesellschaft indes weitgehend versperrt: die Rückkehr in den Beruf«.

Inzwischen sind über dreißig Jahre vergangen. Die Lebensmitte wird nicht mehr bei vierzig festgemacht, sondern eher bei fünfzig, sie hat sich entsprechend der höheren Lebenserwartung weiter nach hinten verschoben. Als die Beratungsstelle »Raupe und Schmetterling« gegründet wurde, war noch nicht einmal die Hälfte der Frauen in Westdeutschland berufstätig; heute sind es in ganz Deutschland mehr als zwei Drittel. Das Problem aber, das Marion Schreiber beschrieb, bleibt: der Mangel an Anerkennung. Es reicht nicht, allein auf Erwerbsquoten zu blicken. Die Frage ist: Was sind das für Arbeitsplätze? Am Ende der Krisenbewältigung stand für die *Spiegel*-Redakteurin »das Ende der Abhängigkeit«. Dieses Ziel ist nach wie vor unerreicht. Denn einfach nur erwerbstätig zu sein schützt in Deutschland nicht davor, »bedürftig« zu werden. Und dieses Risiko ist für Frauen größer als für Männer.

Wir brauchen ein solidarisches Rentensystem, das dafür sorgt, dass Frauen im Alter weder in die Abhängigkeit eines Ehegatten noch eines Amtes geraten. Wenn eine sichere Rente nicht mehr so eng an eine bestimmte Art von Arbeitsplatz gekettet ist wie heute, hätte das nebenbei den positiven Effekt, dass die Grenzen zwischen »guter« und »prekärer« Beschäftigung wieder etwas durchlässiger würden. Orientierung auf diesem Reformweg bieten neben einem Blick in die Geschichte des deutschen Rentensystems auch die Rentensysteme anderer Länder.

4
Was andere Länder besser machen

Kein Land in Europa exportiert so viele Waren ins Ausland wie Deutschland. Schon seit den sechziger Jahren übersteigen die Ausfuhren die Einfuhren. »Made in Germany« ist auf der ganzen Welt beliebt, auch wenn das Gütesiegel seit der Manipulation von Abgaswerten bei Volkswagen-Dieselmotoren angekratzt ist. Deutschland hat im Laufe seiner Geschichte aber nicht nur Waren exportiert, nicht nur technische Lösungen, sondern auch soziale Innovationen. Dazu gehört die von Reichskanzler Otto von Bismarck Ende des 19. Jahrhunderts eingeführte staatliche Sozialversicherung.

Die Idee, Risiken wie Krankheit, Invalidität und den Verlust der Arbeitskraft im Alter in Form einer staatlich organisierten Versicherung auf vielen Schultern zu verteilen, war um 1900 ein Exportschlager, eine soziale Innovation »Made in Germany«, die viele Industriestaaten kopierten. Bis heute organisieren, neben Deutschland, auch Frankreich, Belgien, Italien, Österreich und Spanien ihre Altersversicherung nach dem Modell Bismarck. Das heißt: Arbeitnehmer und Arbeitgeber zahlen Beiträge an die Rentenversicherung, die als Altersrenten an die gegenwärtigen Rentner ausbezahlt werden. Die Renten werden also über ein Umlageverfahren und einen staatlichen Zuschuss aus Steuern finanziert. Dabei bemisst sich die Rentenhöhe nach dem Arbeitseinkommen während des Erwerbslebens. »Die deutsche Sozialversicherung steht in der ganzen Welt vorbildlich und unerreicht da«, mit diesem Werbeslogan feierte das Reichsversicherungsamt 1913 seine Erfolge.

Alterssicherung »Made in Germany« – ein Gütesiegel?

Im 21. Jahrhundert hat die Alterssicherung »Made in Germany« ihre Attraktivität eingebüßt. Nirgends haben sich die Renten so weit von dem entfernt, was Versicherte im Laufe ihres Lebens verdienen, wie in Deutschland: Die monatliche Rentenzahlung nach Abzug von Steuern und Krankenversicherungsbeitrag ersetzt nur noch etwa die Hälfte des Nettoeinkommens, das ein Versicherter durchschnittlich während des Erwerbslebens erzielt hat. Mit dieser niedrigen Ersatzrate ist Deutschland heute das Schlusslicht in der Gruppe der »Bismarck-Länder«, das kann man in dem Bericht der OECD zu den Renten in den 34 Mitgliedsländern nachlesen.[1] Wer wollte da noch Deutschland nacheifern?

Sowohl in Frankreich als auch in Belgien, in Italien und Spanien ersetzt die Rentenkasse das Einkommen eines Durchschnittsverdieners zu 60 Prozent oder mehr. Auf noch weit höhere Ersatzraten kommen die Rentner in Österreich. Dort beläuft sich die Rentenhöhe im Durchschnitt auf mehr als 90 Prozent des Einkommens. In Frankreich gibt es, anders als in Deutschland, eine Mindestrente, und das schon seit 1956. Sie verhindert den Absturz der Renten ins Bodenlose. Keines der Bismarck-Länder würde wohl heute auf die Idee kommen, sich bei der Reform ihrer Rentenversicherung von der deutschen Sozialpolitik inspirieren zu lassen.

Bismarck oder Beveridge

Das zweite europäische Pionierland in Sachen Sozialversicherung, neben Deutschland, ist Schweden. Dort wurde 1913 erstmals ein Sozialversicherungssystem eingeführt. Es orientierte sich nicht wie das Bismarckscher Prägung am Industriearbeiter und damit am Erwerbsstatus der Versicherten. Es zählte nur, ob jemand Bürger des Landes war. Ob Landarbeiter, Bauer oder Händler, ob Industriearbeiter oder Angestellter, Mann oder Frau – vor dem Wohlfahrtsstaat schwedischer Prägung waren schon zu Beginn des 20. Jahrhunderts alle gleich. Jeder und jede kam in den Genuss der aus Steuern finanzierten Volkspension.

Das Hauptziel, das man in Schweden zu Beginn des 20. Jahrhunderts mit der Sozialversicherung verfolgte, war »die Befreiung der arbeitenden Bevölkerung vom Risiko der demütigenden und rechtlos machenden Armenfürsorge«, wie Franz-Xaver Kaufmann in seiner Vergleichsstudie zu den europäischen Sozialversicherungssystemen schreibt.[2] Das war in Deutschland nicht anders, allerdings mit einem entscheidenden Unterschied. In Schweden hatte man die gesamte »arbeitende Bevölkerung« im Blick, in Deutschland zunächst nur den Industriearbeiter.

Die schwedische Volkspension ist seit der Rentenreform im Jahr 1999 nur noch eine Säule der Rentenversicherung. Daneben gibt es eine einkommensabhängige und wie im Bismarck-System über Rentenbeiträge und im Umlageverfahren finanzierte Zusatzrente. Wer über den einkommensbezogenen Teil der Rentenversicherung nicht genügend erwirtschaftet, bekommt die maximale Volkspension in Höhe von etwa 855 Euro. Als dritte Säule wurde, ähnlich wie die Riester-Rente in Deutschland, die »Prämienpension«, eine kapitalgedeckte, private Form der Altersvorsorge, eingeführt. Diese ist aber anders als in Deutschland verpflichtend, und die Versicherten in Schweden müssen dafür auch keinen Vertrag mit einem Versicherungsunternehmen schließen. Sie zahlen die 2,5 Prozent ihres Gehalts in staatlich verwaltete Fonds ein.

Die Bürgerrente macht Schule

Das schwedische Beispiel einer pauschalen und einkommensunabhängigen Rente für jeden – ohne Bedürftigkeitsprüfung – machte ebenfalls in anderen Ländern Europas Schule. Nicht nur alle skandinavischen Länder, auch die Niederlande, die Schweiz und Großbritannien führten eine solche, auf dem Bürgerstatus basierende Garantierente ein. Diese Art der Sozialversicherung firmiert heute unter dem Namen Beveridge-System. Benannt nach dem britischen Ökonomen und Politiker William Henry Beveridge (1879–1963). Der zum liberalen Lager zählende Lord führte den Vorsitz in einer 1940 eingesetzten Kommission, die Vorschläge für die Reform der Sozialversicherung in Großbritannien erarbeiten sollte.[3] Dabei ging es in erster Linie um die Linderung wirtschaftlicher Not. Denn, so hatten es die dem Bericht zugrundeliegenden Befragungen gezeigt: Not litten in Großbritannien diejenigen, die keiner Arbeit nachgehen konnten. Also schlug Beveridge eine universale, »nationale Versicherung« vor, die Kranken, Arbeitslosen, Rentnern und Witwen Unterstützung gewährt. Beveridge ging es nicht darum, Almosen an Arme zu verteilen, mit der Sozialversicherung wollte er genau diese Form der Armutsbekämpfung überwinden. Mit seiner Idee von Sozialpolitik wendete er sich an mündige Bürger, nicht an Bedürftige.

Die State Pension, wie die britische Variante der Bürgerrente heißt, beträgt für heutige Rentner etwa 600 Euro monatlich. Sie kann durch eine einkommensbezogene Zusatzversicherung, die National Insurance, aufgestockt werden. Das britische Rentensystem wurde wie überall in Europa seit der Jahrtausendwende grundlegend reformiert. Wobei Reform hier nicht, wie zumeist in Deutschland, gleichbedeutend mit Rentenkürzung war. Die State Pension wurde für zukünftige Rentner von 600 auf 800 Euro im Monat erhöht. Zudem ist die betriebliche Altersversicherung seit 2012 nicht mehr freiwillig. Arbeitgeber sind gesetzlich verpflichtet, ihren Angestellten eine Versicherung anzubieten. Dabei werden sie von einem staatlich verwalteten »National Employment Savings Trust« (NEST) unterstützt, der Standard-Versicherungen zu günstigen Konditionen mit geringen Gebühren anbietet.

In Deutschland, wo eine betriebliche Zusatzversicherung ebenso wenig Pflicht ist wie die private Vorsorge, sind derzeit nicht einmal 60 Prozent der sozialversicherungspflichtig Beschäftigten über eine Betriebsrente abgesichert.

Wie in den anderen beiden Beveridge-Ländern ruht auch in den Niederlanden die Alterssicherung inzwischen auf mehreren Säulen. Neben der Grundrente nach dem Allgemeinen Altersgesetz (Algemene Ouderdomswet, AOW) gibt es eine betriebliche Versicherung, über die 90 Prozent aller Erwerbstätigen zusätzlich abgesichert sind. Dabei richtet sich die AOW-Grundrente nicht nach Erwerbstätigkeit und Einkommen, sondern allein nach der Einwohnerschaft: Für jedes Jahr ab dem fünfzehnten Lebensjahr erhalten Einwohner der Niederlande 2 Prozent der AOW, mit 65 und demnächst 67 Jahren haben sie das Recht auf die volle Grundrente von derzeit etwa 700 Euro für Verheiratete und 1000 Euro für Alleinlebende.

Europäische Rentenpolitik: Reformen: ja – Rentenkürzungen: nur bedingt

Ganz gleich welchem Modell die Länder in Europa einst folgten, Bismarck oder Beveridge, alle haben in den letzten beiden Jahrzehnten ihre Rentensysteme reformiert. Sie mussten handeln. Die staatlichen Rentensysteme standen genauso wie in Deutschland unter Druck, weil die Lebenserwartung und damit die Zahl der Rentner und der Jahre, in denen Versicherte eine Rente bekommen, steigen. Herausgekommen sind zum Teil Mischformen aus beiden Systemen. Dabei haben die Länder entweder, wie in den Niederlanden oder in Schweden, eine garantierte Grundsicherung, oder aber die Rente ersetzt gerade den Versicherten mit geringem Einkommen einen deutlich höheren Anteil des Lohns als in Deutschland.[4] Das kommt vor allem den Rentnerinnen zugute. Sie sind in Frankreich oder den Niederlanden in weit geringerem Maße von Armut bedroht als in Deutschland. Außer in Deutschland ist zwar auch in Großbritannien diese Gefahr für Frauen ab 65 überdurchschnittlich hoch, aber dort hat die Politik inzwischen gehandelt. Besserung ist zumindest in Sicht.[5]

Die Politikwissenschaftlerin Traute Meyer, Professorin an der University of Southampton in England, ist Expertin für den Vergleich der verschiedenen Alterssicherungssysteme in Europa. In ihrer Studie »Beveridge statt Bismarck!«[6] hat sie die Rentenpolitik der europäischen Länder analysiert und ihren Effekt auf die Rentenhöhe für zukünftige Rentenempfänger miteinander verglichen. Deutschland hat sich nach ihrer Diagnose durch die Reformen schon weit von der Bismarckschen Tradition entfernt, allerdings auch keinen konsequenten Systemwechsel zum Beveridge-Modell vollzogen. Die Folge: niedrige Renten für die Rentenversicherten mit geringem Einkommen, aber auch immer weniger für die Besserverdienenden.

Interview mit Professorin Traute Meyer

Frau Professor Meyer[7], in Deutschland werden die Rentenreformen seit den 2000er Jahren unter anderem mit der demografischen Entwicklung begründet. Immer mehr Renten-

empfänger, immer weniger Beitragszahler – muss das automatisch Rentenkürzungen nach sich ziehen?
Nein, die Politik behauptet nur, sie könne nicht anders. Vergleicht man die europäischen Länder miteinander, die eine ähnliche demografische Entwicklung haben wie Deutschland, dann sieht man, dass es auch anders geht. Es gibt nicht nur einen, es gibt viele Wege, Rentenpolitik durch Gesetze zu gestalten.

Haben Sie ein Beispiel dafür?
Wir können Deutschland mit Österreich oder auch Spanien vergleichen. Diese Länder haben ähnliche Systeme, die Rente baut sehr stark auf der Erwerbsbiografie auf, auch die demografische Entwicklung ist ähnlich. Und in diesen beiden Ländern sind trotz großer Probleme, gerade wirtschaftlicher Art in Spanien, die Ersatzraten – also der Anteil des durchschnittlichen Lebenseinkommens, den die gesetzliche Rente ersetzt – wesentlich höher geblieben als in Deutschland. In Österreich liegen sie sogar konstant bei über 90 Prozent, während sie in Deutschland vor allem für die niedrigen Einkommen, aber auch für die höheren Einkommen dramatisch gesunken sind.

Welche Rolle spielt es für die Rentenhöhe, ob ein Land dem Modell Beveridge mit Grundrente oder einem einkommensabhängigen Rentensystem à la Bismarck folgt?
Das spielt eine untergeordnete Rolle. In einem großzügigen Bismarck-Modell stehen die Rentner unter Umständen besser da als die in Großbritannien oder in den Niederlanden, also den Ländern, wo es garantierte Mindestrenten gibt. Denn diese Mindestrenten liegen fast immer unter 50 Prozent des Durchschnittseinkommens und sind so recht niedrig.

Sie decken nur das Existenzminimum.
Ja. Allerdings weiß man, dass einem diese Grundrente gehört. Alles, was zusätzlich gespart wird, darf man behalten. Außerdem hat die Regierung in Großbritannien die staatliche Rente um eine für Arbeitgeber verpflichtende Betriebsrente ergänzt. Das Problem in Deutschland ist, dass das Rentenniveau radikal gesenkt wurde, ohne einen Ausgleich für Niedrigverdiener zu schaffen. Das haben alle anderen Länder Europas getan. Deshalb ersetzt die Rente dort durchschnittlich etwa 80 Prozent des Lohns von Niedrigverdienern. In Deutschland sind es nur 53 Prozent.

Die System-Frage ist also im Grunde zweitrangig.
Ja. Die entscheidende Frage ist: Was ist das Prinzip, und was kommt dabei heraus? Und im Moment muss man sagen, was in Deutschland für zukünftige Rentner bei diesem Rentensystem herauskommt, das ist hochriskant – und zwar für alle. Für diejenigen, die nur die Hälfte des Durchschnitts verdienen, denn sie sind besonders betroffen. Aber auch Versicherte, die über dem Durchschnitt verdienen, werden hohe Einbußen hinnehmen müssen, wenn sie nicht sehr entschlossen privat fürs Alter sparen. Und wenn die private Altersvorsorge freiwillig ist, wird es immer genügend geben, die das nicht tun.

War die Einführung des Mindestlohns in Deutschland ein Schritt in die richtige Richtung?
Sicherlich, wenn man die Löhne erhöht, kann man die Renten verbessern. Der Mindestlohn ist auf jeden Fall wichtig. Aber am Problem der niedrigen Ersatzraten ändert das gar nichts. Und wenn argumentiert wird, alles halb so schlimm, wir haben ja die Riester-Rente, dann muss man sich eben anschauen, ob die private Vorsorge diese Lücke schließt. Aber das tun weder die Riester-Rente noch die Betriebsren-

ten in Deutschland. Und wenn wir in die anderen Länder blicken, dann sehen wir, dass es einfach kein einziges Beispiel dafür gibt, dass ein freiwilliges System jemals funktioniert hat.

In Großbritannien wurde auch mit freiwilligen Zusatzrenten experimentiert.
Ja, schon seit 1945. Die Briten waren sehr stolz auf ihr freiwilliges Betriebsrentenmodell. Zu Recht, denn eine Zeitlang hat das für die, die darüber versichert waren, gut funktioniert. Die Rentner, die keine Betriebsrente hatten, waren dagegen bitter arm.

Wie ist es gelungen, die Betriebsrenten für Unternehmen zur Pflicht zu machen – und darüber hinaus auch noch die staatliche Grundrente auszubauen?
Die großen Unternehmen in Großbritannien haben die Leistungen der betrieblichen Rentenversicherungen seit den achtziger Jahren nach und nach zurückgefahren und schließlich für neue Mitglieder sogar geschlossen. Das hat die Regierung so lange nicht ernsthaft besorgt, wie die Mittelschichten mit guten Jobs in Unternehmen und im öffentlichen Sektor durch Betriebsrenten abgesichert waren. Wenn die Friseurinnen nichts hatten, war das aus Sicht der Politik nicht so schlimm – die hatten dann vielleicht noch einen Mann, der was hatte. Aber dann zog das größere Kreise, so dass auch die Mittelschicht irgendwann betroffen war.

Das zwang die Politik zu handeln.
Ja, schließlich setzte sich die Einsicht durch, dass man bei der Alterssicherung nicht mehr auf Freiwilligkeit bauen kann. Die Labour-Regierung übte Druck auf die Unternehmen aus und setzte eine Kommission ein, die Lösungsvorschläge erarbeiten sollte. Auch die Möglichkeit, Unterneh-

men einen Zwang für eine betriebliche Versicherung aufzuerlegen, wurde nicht ausgeschlossen. Das wollten die Unternehmen aber auf jeden Fall verhindern. So kam es zu einer politischen Auseinandersetzung, in der nun die Unternehmerverbände im Gegenzug forderten, die Leistungen der staatlichen Rente zu verbessern. Das Ergebnis war ein Kompromiss: Beide, die Unternehmen und der Staat, müssen mehr zahlen.

Wie sieht Ihre Prognose für die Rentenversicherten in Europa aus?
Ich habe mir gerade die Zahlen für 2015 angeschaut. Es kommt, als Folge der Rentenreformen seit 2000, fast überall in Europa zu Kürzungen. Das ist ein allgemeiner Trend. Aber die Länder haben auch klare Grenzen eingezogen, und zwar bei allen Einkommensgruppen, den Niedrig-, den Mittel- und den Gutverdienern. Der Staat gibt offensichtlich das Heft nicht aus der Hand, wenn es um die Alterssicherung geht. Er sieht sich in der Pflicht, bis zu zwei Drittel des Einkommens zu ersetzen. Bei den Niedrigverdienern ist die Ersatzrate am höchsten. Im Allgemeinen gilt also: Abbau ja, aber in Grenzen, das ist mein erstes Ergebnis. Das zweite ist, dass besonders Niedrigverdiener geschützt werden. Es gibt europaweit eine soziale Sensitivität, die zu dieser Grenze führt.

Gibt es auch Ausnahmen?
Ja, es gibt zwei Ausreißer: Zum einen hat Großbritannien entgegen dem allgemeinen Kürzungstrend die soziale Sicherung im Alter ausgebaut. Deutschland ist das Extrembeispiel für Abbau, und zwar ein Abbau, der auch vor den Geringverdienern nicht haltmacht. Etwas, das wirklich alle anderen Länder tun. Und das hat ausgerechnet eine rotgrüne Regierung zu verantworten. Ich bin überzeugt, die

hätten damals nicht so entschieden, wenn sich die Resultate dieser Politik nicht erst in der Zukunft gezeigt hätten. Nur deshalb ist der Abbau für die Regierungen in Deutschland bisher relativ schmerzlos verlaufen. Aber diese Rentenpolitik wird langsam ihre Wirkung entfalten. Und ich glaube schon, dass in dem Moment, wo den Menschen klar wird, was auf sie zukommt, der Druck auf die Politik wachsen wird.

Wie bewerten Sie in diesem Zusammenhang die Einführung der »Rente mit 63« und Ausweitung der »Mütterrente« im Jahr 2014?
Diese Reformen ändern an den grundlegenden Problemen gar nichts. Das ist Makulatur. Das Geld wird an der falschen Stelle ausgegeben.

Was können Sozialpolitiker in Deutschland von ihren britischen Kollegen lernen?
Vor allen Dingen, dass man nicht auf Freiwilligkeit bauen kann, wenn man soziale Sicherung im Rentensystem erreichen möchte. Damit wird das Risiko des Alterns wieder zurückverlagert auf das Individuum. Ein Risiko, das wir aus guten Gründen vorher geteilt haben. Denn wenn das Individuum aus eigener Kraft sparen muss, was passiert dann, wenn er oder sie aufgrund von Krankheit oder eines Unfalls nicht mehr arbeiten kann? Oder wenn die Erträge der Investitionen einfach nicht ausreichen? Da steht dann das Individuum alleine da. Wenn man das kollektiv organisiert, zusammen einzahlt und zusammen darüber wacht und waltet, dann ist das Risiko besser verteilt.

Oft heißt es aus der Politik, ein Rentensystem kann man nicht ändern. Ist die Rentenversicherung besonders resistent gegenüber Reformen?

Nein, sie wird ständig reformiert, aber grundlegende Strukturveränderungen sind selten. Dafür gibt es gute Gründe. Einer ist der, der in der Wissenschaft als »Double-Payment-Problem« bezeichnet wird. Bezogen auf Deutschland heißt das: Wenn die Jungen schon große Summen zahlen, um die Rentenansprüche der Alten zu erfüllen, kann man ihnen nicht auch noch zumuten, gleichzeitig in einen anderen Topf einzuzahlen, um beispielsweise ein zweites, steuerfinanziertes System aufzubauen. Wenn also ein Alterssicherungssystem einmal eingerichtet ist, dann kommt man da nicht so leicht wieder raus. Ich beobachte aber, dass Deutschland seit den Rentenreformen der 2000er Jahre mit dem Drei-Säulen-Modell und den niedrigen Lohnersatzraten tatsächlich auf den Ausstieg aus dem Bismarck-Modell zusteuert.

Wie könnte eine Lösung für Deutschland aussehen, auch im Hinblick auf mehr Rentengerechtigkeit zwischen den Geschlechtern?

Am wichtigsten ist, dass Frauen und Männer mit niedrigen Lebenseinkommen im Alter ihre Einkommensverhältnisse nicht amtlich prüfen lassen müssen, bevor sie eine Rente beziehen können, die sie vor Armut schützt. Wie das erreicht wird, hängt davon ab, welcher Weg der Politik am durchsetzungsfähigsten erscheint. Könnte man ganz neu anfangen, dann wäre aus meiner Sicht eine an den Bürger- oder Einwohnerstatus geknüpfte Grundrente am gerechtesten – ergänzt durch eine verpflichtende, einkommensbezogene Versicherung. In einem solchen System wäre im Alter niemand arm, und alle könnten zusätzlich sparen. Weil Parteien, Gewerkschaften und Verbände in Deutschland jedoch immer noch sehr am deutschen Modell hängen, erscheint mir ein solcher Systemwechsel schwierig. Will man also partout am Modell Bismarck festhalten, dann sollte die gesetzliche Rente wieder so weit erhöht werden, dass Niedrigverdiener deutlich mehr bekommen. Wenn wir den EU-Durchschnitt von 2015 als Richtschnur nehmen, dann müssten die Ansprüche dieser Menschen vom gegenwärtigen Ersatzniveau von 53 Prozent auf 79 Prozent des letzten Lohnes erhöht werden.

5
Soziale Sicherheit im Alter – ein Bürgerrecht

Was, wenn alles ganz anders wäre. Wenn die jährliche Renteninformation nicht in der Schublade verschwände, weil sie Angst vor der Zukunft macht, sondern wenn sie gelassen zur Kenntnis genommen wird, weil sie keinen Anlass zur Sorge gibt. Dieses Privileg hat Bettina W.[1] Sie hat einen Teil ihrer Alterssicherung jeden Tag vor Augen, denn sie bewohnt eine großzügig bemessene Berliner Altbauwohnung mit behaglicher Wohnküche, die ihr bald ganz gehören wird. Die Wohnung kaufte sie zu einem Zeitpunkt, als die Preise in Berlin noch moderat waren, und sie kann den Immobilienkredit zügig abbezahlen, weil sie keinen luxuriösen Lebensstil pflegt und als Abteilungsleiterin in der Energiebranche ein Spitzengehalt erzielt: 5000 Euro netto. Das ist weit mehr als doppelt so viel, wie Frauen mit Vollzeitarbeitsstelle in Deutschland im Durchschnitt verdienen.[2]

»Ich bin ein Glückskeks«, sagt sie in ihrer bescheidenen Art. Dass es beruflich kontinuierlich so steil bergauf gehen würde, hatte sie nach der Ausbildung nicht geahnt. Ihre Laufbahn begann eher ernüchternd. Obwohl Juristen nach dem Mauerfall in den neuen Bundesländern händeringend gesucht wurden, kam sie im Staatsdienst nicht unter. »Das Boot ist voll«, wurde ihr Mitte der neunziger Jahre gesagt. Bettina W. war ein wenig zu spät dran, ihre mittelmäßigen Noten nicht konkurrenzfähig. Nach einigen Monaten Existenzsorgen und Arbeitslosigkeit kam ihre Karriere mit Anfang dreißig schließlich doch in Gang. »Im letzten Moment habe ich doch noch von dieser historischen Chance profitiert«, erinnert sich Bettina W. Sie fing bei einem Unternehmen in Ostdeutschland an. Aber ihre Karriere hätte hier auch abrupt wieder enden können. »Arbeitsrecht hin oder her, wenn Sie ein Kind bekommen, sind Sie hier raus!«, hatte ihr der nur wenige Jahre ältere Vorgesetzte gedroht, der wie sie ebenfalls aus dem Westen kam. Sie hielt sich an das ungeschriebene Gesetz, den Job wollte sie keinesfalls aufs Spiel setzen.

Die heute Fünfzigjährige hat auch später keine Kinder mehr bekommen, ihre damalige Entscheidung bereut sie aber nicht. Denn eines, sagt sie, ist sicher: Ihre Karriere, die ihr vollen Einsatz abverlangte, weit über eine 40-Stunden-Woche hinaus, hätte sie mit Kindern nicht fortsetzen können. Eine Wohnung zu kaufen wäre nicht drin gewesen. Auf ihre eigenen vier Wände wird sie aber trotz ihres guten Gehalts im Alter angewiesen sein, wenn sie ihren Lebensstandard, zu dem ein alljährlicher Sommerurlaub an der Ostsee gehört, halten will. Nach heutigem Stand bekommt sie, wenn sie 2030 in Rente geht, insgesamt 1600 Euro aus der gesetzlichen Rentenversicherung und dem Versorgungswerk der Rechtsanwälte. Zusammen mit der Betriebsrente wird sie auf über 2000 Euro brutto kommen. Nach Steuern und Abzug von mindestens 600 Euro monatlich für die private Krankenversicherung wird ihr ein gutes Drittel ihres heutigen Nettogehalts bleiben – das ist nicht viel, aber für sie immer noch genug. Einen sozialen Abstieg wird sie nicht erleben.

Bettina W. konnte sich ihren bescheidenen Wohlstand erarbeiten. Damit gehört sie zu jenen Auserwählten, die Politiker gerne »Leistungsträger« nennen, sie haben sich in ihren Augen eine Rente »verdient«. Was aber, wenn Bettina W., anstatt mit dreißig ihre Karriere zu starten, Kinder bekommen hätte? Wenn der Berufseinstieg nach der langen

Ausbildung holpriger verlaufen und sie längere Zeit arbeitslos gewesen wäre? Wenn sie wie die meisten Frauen in Deutschland, solange die Kinder klein sind, keine 40 Stunden die Woche und mehr berufstätig gewesen wäre? Wenn ihr Gehalt nicht von einer Sprosse auf der Karriereleiter zur nächsten geklettert wäre? Sie hätte heute kein Spitzengehalt, würde kaum die Hälfte verdienen und entsprechend weniger in die Rentenversicherung einzahlen. Mit viel Anstrengung, Beharrlichkeit und etwas Glück käme sie, falls sie bis 67 durchhält, vielleicht auf knapp 1000 Euro Rente. Nach Abzug von Steuern und Sozialabgaben ist das etwas mehr als das Existenzminimum. Im besten Fall bliebe ihr der Gang zum Sozialamt erspart, sie wäre nicht auf Grundsicherung angewiesen. Ohne eigene Wohnung, Ersparnisse oder andere Einkünfte ist das trotzdem eine prekäre Lebenslage.

Rente ist keine Grundsicherung – sagt die Arbeitsministerin

Die meisten Rentenpolitiker würden sich um die Lage dieser Frau nicht scheren. Rente ist in ihren Augen kein Garant für soziale Sicherheit und Teilhabe im Alter, sie ist die Prämie für eine bestimmte Art von Lebensleistung. Die Rente, so propagieren sie es seit Jahren in den Talkshows, ist doch kein sozialpolitischer Tausendsassa, mit dem sich gesellschaftliche Fehlentwicklungen im Nachhinein korrigieren lassen. Viel zu teuer! Dann schlagen Rentenpolitiker elegant die Beine übereinander und lehnen sich entspannt zurück.

Auch Arbeitsministerin Andrea Nahles stellte in der jüngsten Rentendebatte im Frühjahr 2016 aufs Neue klar: »Rente ist keine Grundsicherung. Sie muss immer die Lebensleistung abbilden.«[3] Und diese »Lebensleistung« erbringt nur, wer »40 Jahre gearbeitet hat«, ergänzte ihr Parteikollege, Vizekanzler und Wirtschaftsminister Sigmar Gabriel wenige Tage später auf einer Pressekonferenz: »Wer 40 Jahre gearbeitet hat, muss mehr haben als jemand, der gar nicht gearbeitet hat. Natürlich brauchen wir dafür Modelle, bei der Teilzeit nicht zu einer Vollzeitrente führt.«

Zwischen 40-jähriger Vollzeitberufstätigkeit und »gar nicht arbeiten« gibt es in der Sicht dieser Politiker offenbar einen riesigen blinden Fleck. Passt eine andere Biografie als die des prototypischen »deutschen Eckrentners« nicht in das sozialdemokratische Weltbild? Dabei sind Abweichungen für ihre Wählerinnen eher die Regel als die Ausnahme. Doch die müssen sich nicht sorgen, heißt es dann, denn wer eine kleine Rente hat, für den sorgt zur Not das Sozialamt. Was aber, wenn in Zukunft vielen Millionen eine Rente auf Grundsicherungsniveau droht?

Scheindebatten

Die Statements der beiden SPD-Minister waren die Reaktion auf eine brisante Studie des Westdeutschen Rundfunks (WDR). Für das Jahr 2030 prophezeit die Untersuchung fast jedem zweiten gesetzlich Versicherten eine Rente auf Hartz-IV-Niveau.[4] Die Journalisten haben eine einfache und dennoch plausible Rechnung aufgemacht: Gezählt wurden die sozialversicherungspflichtig Beschäftigten, die heute bis zu 2100 Euro brutto verdienen. Wer 40 Jahre lang entsprechende Einkünfte hatte, kommt 2030 auf Rentenansprüche, die inklusive Wohngeld der heutigen Kaufkraft von 840 Euro, also etwa dem Grundsicherungsniveau, entsprechen. Jeder Zweite, so der WDR, verdient nach Angaben der Bundesagentur für Arbeit aber weniger.

Für das Studiendesign erntete der Sender harsche Kritik.

Die *Frankfurter Allgemeine Zeitung* warf den Machern vor, sie produzierten ein »Märchen von der Altersarmut«. Dabei bestätigt die WDR-Hochrechnung, was der internationale Vergleich bereits gezeigt hat: Die gesetzliche Rente ersetzt bei den vielen Millionen, die unterdurchschnittlich verdienen, einen so geringen Teil des Einkommens wie in kaum einem anderen Rentensystem dieser Welt. Das wird in Zukunft dramatische Folgen haben. Ob damit im Jahr 2030 tatsächlich jeder zweite Rentner arm sein wird, ist fraglich. Doch auch schon jeder dritte oder vierte wäre ein sozialpolitisches Desaster für ein Land, das zu den stärksten Volkswirtschaften der Welt zählt.

Es gibt Journalisten wie im Wirtschaftsressort der *FAZ*, die Altersarmut notorisch leugnen, und es gibt Wissenschaftler, die das Risiko drohender Altersarmut systematisch kleinreden. So meint der Münchener Wirtschaftswissenschaftler und Demografie-Forscher Axel Börsch-Supan, der WDR würde das »Problem der Altersarmut grotesk überschätzen«.[5] Er wirft den Machern der Studie gleich mehrere »Denkfehler« vor: Es seien diejenigen mitgezählt worden, die heute wenig verdienen, weil sie in der Ausbildung stehen, ohne zu berücksichtigen, dass sie später ein besseres Gehalt erzielen. Das stimmt. Allerdings lässt sich mit dem gleichem Recht einwenden, dass auch all jene nicht berücksichtigt wurden, die zwar jetzt gut verdienen, aber in der Vergangenheit schlechtere Einkommen hatten, oder die in Zukunft krankheitsbedingt ihren Job aufgeben müssen, die arbeitslos werden oder wegen Kindererziehung oder weil sie Angehörige pflegen, ihre Arbeitszeit herunterfahren. Man kann den WDR-Journalisten also schlecht zum Vorwurf machen, sie seien von einer Momentaufnahme ausgegangen und hätten nicht den gesamten Lebenslauf berücksichtigt. Zumal Längsschnitt-Untersuchungen des DIW und der Freien Universität Berlin (siehe Kapitel 2) zu dem Schluss kommen, dass die Generation der geburtenstarken Jahrgänge – und genau die gehen um das Jahr 2030 in Rente – zu einem großen Teil tatsächlich sehr niedrige Renten zu erwarten hat.

Börsch-Supan moniert außerdem, die WDR-Journalisten hätten nur individuelle Einkommen, nicht aber das Haushaltseinkommen zugrunde gelegt. Diese Argumentation kennen wir ja schon. Überzeugender wird sie deswegen noch lange nicht: Die Frauen mit den kleinen Einkommen oder Renten, so wird unterstellt, haben doch alle einen potenten Ernährer zu Hause, der sie versorgt, und wenn er stirbt, erhalten sie eine Witwenrente. Die Wahrheit ist: Nicht jede Frau lebt mit einem gut verdienenden »Ernährer« zusammen, und das Haushaltseinkommen kann sehr schnell schrumpfen, wenn eine Scheidung ins Haus steht, der Lebensgefährte krank wird oder stirbt. Deshalb ist es nicht nur vernünftig, sondern dringend geboten, die individuellen und nicht die Haushaltseinkommen zu berücksichtigen, will man etwas über die Einkünfte und Lebenslagen zukünftiger Rentner erfahren. Auch dieser Einwand gegen die Studie überzeugt also nicht.

Altersarmut – kleingerechnet

Bereits 2015 hatte der Paritätische Wohlfahrtsverband in seinem Armutsbericht darauf hingewiesen, dass sich die finanzielle Situation älterer Menschen, insbesondere aber von Rentnern in Deutschland, in den letzten Jahren dramatisch verschlechtert hat. »Keine andere Bevölkerungsgruppe zeigt eine rasantere Armutsentwicklung«, meldete der Sozialverband. Die Armutsquote liege mit 15,2 Prozent zwar leicht unter dem Durchschnitt, habe sich jedoch in den letzten zehn Jahren vervierfacht.

Eine neue Debatte über Altersarmut löste die Meldung nicht aus. Stattdessen brach eine Diskussion über die Frage der korrekten Armutsdefinition los. Ein *FAZ*-Journalist warf dem Verband vor, die Deutschen mit Hilfe statistischer Tricks armgerechnet zu haben.[6] Dabei hatte sich der Verband nur international anerkannter Standards bedient. Armutsgefährdet ist nach dieser Definition, wer weniger als 60 Prozent des mittleren Einkommens eines Landes zur Verfügung hat. Selbstverständlich verschiebt sich bei diesem »relativen Armutsbegriff« die Armutsschwelle, wenn sich die Einkommen insgesamt verändern. Damit bildet er nicht das absolute Einkommen, sondern die Einkommensunterschiede in einer Gesellschaft ab, und das mit voller Absicht.

Kritiker wenden überdies ein, Altersarmut könne schon deshalb kein gesellschaftliches Problem sein, weil derzeit lediglich etwas mehr als 3 Prozent der über 65-Jährigen Grundsicherung im Alter beziehen. Das sind mehr als eine halbe Million Menschen, über 60 Prozent davon Frauen. Der Anteil der Älteren, die auf die Sozialleistung angewiesen sind, hat sich jedoch seit 2003 etwa verdoppelt.[7] Zählt man zusätzlich noch diejenigen, die das Rentenalter noch nicht erreicht haben und die Sozialleistung aufgrund von Erwerbsminderung erhalten, kommt man schon auf knapp eine Million, also doppelt so viele Grundsicherungsempfänger.[8]

Nicht berücksichtigt bleiben dann immer noch all jene, die sich ihre kleinen Renten lieber durch einen Minijob aufbessern oder zusehen, dass sie, weil sie mietfrei wohnen, irgendwie über die Runden kommen, um sich die demütigende Offenlegung ihrer Vermögensverhältnisse beim Sozialamt zu ersparen. Ungezählt bleiben auch die, deren Rente zwar über dem Grundsicherungsniveau liegt, die aber trotzdem weniger als 60 Prozent des mittleren Einkommens zur

Verfügung haben und deshalb als armutsgefährdet gelten. Legt man das Konzept der relativen Armut zugrunde, beträgt der Anteil der über 65-Jährigen, die von Armut bedroht sind, mehr als 15 Prozent, das sind fünfmal so viele wie die eingangs erwähnten Bezieher von Grundsicherung im Alter. Dieser Anteil wird steigen, und Frauen werden besonders stark betroffen sein.

Darauf stellt sich übrigens, aller Leugnung zum Trotz, auch die Politik ein. So stockt das Bundesministerium für Arbeit und Soziales bereits seit Jahren den Posten in seinem Etat kontinuierlich auf, den die Kommunen für die Auszahlung der Grundsicherung im Alter bekommen. Zuletzt waren für das Jahr 2016 im Bundeshaushalt dafür 6,5 Milliarden Euro vorgesehen.

Leistungsbezogen und sozial – kein Widerspruch

Debatten über die Armutsdefinition, so notwendig sie im Allgemeinen sein mögen, wenn es um Altersarmut geht, entpuppen sie sich als Scheingefechte. Genauso wie die Scheindebatte über »Generationengerechtigkeit«. Die hatte Albrecht von Lucke, Redakteur der politischen Monatszeitschrift *Blätter für deutsche und internationale Politik*, bereits 2003, da war sie gerade aufgekommen, auch schon entlarvt: »Die wahren Gerechtigkeitsprobleme«, schrieb er, »spielen sich nicht zwischen, sondern innerhalb der Generationen ab, nicht zwischen alt und jung, sondern zwischen arm und reich.«[9]

Diese Scheindebatten lenken ab von der eigentlich wichtigen Frage, die die Gesellschaft beantworten muss: Was soll ein Rentensystem für die Bürger leisten? Armut im Alter verhindern? Die Lebensleistung honorieren – und wenn ja, welche? Oder könnte ein Rentensystem beide Zwecke gleichzeitig erfüllen?

Dass ein Rentensystem nicht nur entweder das eine oder das andere leisten kann, sondern beides gleichzeitig, ist in anderen Ländern eine Selbstverständlichkeit. Selbst in den USA, dem Land, das aus deutscher Perspektive weit entfernt ist vom europäischen Modell des Sozialstaats. In den USA zahlen die Versicherten, so wie in Deutschland auch, prozentuale Rentenbeiträge von ihrem Lohn und finanzieren so die Rente im Umlageverfahren. Die Rentenberechnung ist aber weit sozialer als in Deutschland. Und zwar dadurch, dass die Rente nur den untersten Teil des Einkommens zu 90 Prozent ersetzt, darüberliegende Verdienste dagegen zu einem wesentlich geringeren Prozentsatz, einem Drittel oder noch weniger. Diese Art der Rentenberechnung verteilt das Geld aus der Rentenkasse gerechter – von den Besserverdienenden zu den weniger gut Verdienenden. Selbst der US-amerikanische Präsident trägt dazu bei, denn in den USA ist jeder Erwerbstätige, ob Staatsdiener oder Selbständiger, automatisch Mitglied in der staatlichen Rentenversicherung.

Wie wären die Renten verteilt, wenn diese Berechnungsformel in Deutschland angewendet würde? Der Ökonom Volker Meinhardt hat dies in seiner Expertise »Konzepte zur Beseitigung von Altersarmut« im Auftrag der Friedrich-Ebert-Stiftung ausgerechnet.[10] Sein Ergebnis: Für überdurchschnittliche Verdiener fiele die Rente geringer aus als heute. Menschen mit niedrigem Einkommen unter dem Durchschnitt würden dagegen erheblich höhere Renten erzielen. Auch der Umverteilungseffekt zwischen den Geschlechtern wäre enorm: Drei Viertel der Frauen bekämen eine höhere Rente, zwei Drittel der Männer eine niedrigere. Der deutsche Gender-Pension-Gap von 50 Prozent würde im Nu zusammenschrumpfen, das Risiko, im Alter auf Sozialhilfe angewiesen zu sein, hätte sich enorm vermindert.

Die USA sind nur ein Beispiel dafür, wie ein erwerbszentriertes Rentensystem für sozialen Ausgleich sorgen und damit vielen Versicherten die Angst vor sozialem Abstieg im Alter nehmen kann. Frankreich ist ein anderes Beispiel. Hier setzt sich die Rente aus einer Grundrente – bei der nicht so sehr die Höhe, dafür die Dauer der Beitragszahlung ins Gewicht fällt – und einer obligatorischen Zusatzrente zusammen, die je nach Einkommen unterschiedlich hoch ausfällt. Kleine Renten stockt die Rentenkasse bis zu einer Mindestrente von knapp 700 Euro für Alleinlebende auf – für Paare gibt es je Person etwas weniger –, soweit sie mindestens 30 Jahre eingezahlt haben. Die Mindestrente ist keine Sozialleistung, weshalb es auch keine amtliche Bedürftigkeitsprüfung oder Anrechnung anderer Einkünfte gibt. Neben diesem Ausgleich unter den Versicherten findet in Frankreich zusätzlich noch ein Ausgleich über den Lebensverlauf statt. Denn die Rente wird nicht auf Basis des Durchschnitts aller Beitragszeiten berechnet. Nur die besten 25 Jahre zählen. Damit werden Versicherte nicht in dem Maße wie in Deutschland im Alter dafür abgestraft, wenn sie zeitweise beruflich kürzertreten und weniger verdienen – aus welchen Gründen auch immer. Auch davon würden Frauen stark profitieren.

Solche Berechnungsvarianten ließen sich ohne Schwierigkeiten auch in die deutsche Rentenformel einbauen. Allein: Der politische Wille fehlt. Stattdessen beten Regierungspolitiker das Leistungsprinzip in der Rentenversicherung – Rente nur gegen Beiträge – wie ein Mantra in Endlosschleife herunter. Viel Raum für Alternativen lässt das nicht. Allenfalls eine »solidarische Lebensleistungsrente« in Höhe von 850 Euro nach 40 Versicherungsjahren können sich CDU und SPD vorstellen. Die Grünen schlagen eine steuerfinanzierte »Garantierente« in gleicher Höhe vor, die es immerhin schon ab 30 Versicherungsjahren geben soll. Die Frage ist aber, wie vielen Rentnern bei diesen Bedingungen tatsächlich der Abstieg in die Sozialhilfe erspart bliebe. Und eine derartige Bremse nach unten bei der Rentenversicherung schützt auch nur dann vor Armut, wenn Rentner darüber hinaus Einkünfte aus einer weiteren Säule der Alterssicherung beziehen, etwa einer verpflichtenden Betriebsrente wie in Großbritannien oder einer einkommensbezogenen Zusatzrente wie in Schweden.

Bei den von den Parteien bisher vorgeschlagenen Grundrenten besteht zudem noch immer kein individueller Anspruch. Wie bei der Grundsicherung des Sozialamts sollen andere Einnahmen, etwa aus einer Riester-Rente, aber auch Einkünfte des Ehepartners, angerechnet werden. Eine Rente für mündige Bürger sieht anders aus. Dass die Deutsche Rentenversicherung beim Modell »Lebensleistungsrente« im Privatleben ihrer Versicherten herumschnüffeln müsste, bemängelt auch deren Präsident Axel Reimann: »Wenn wir ermitteln müssen, ob in einem Haushalt zwei Zahnbürsten sind, würde dies die Akzeptanz der Deutschen Rentenversicherung vermutlich nicht verbessern«, bemerkte er gegenüber der *Süddeutschen Zeitung*.[11]

Rente jenseits von Erwerbstätigkeit – die Bürgerrente

Eine andere Art, für soziale Sicherheit im Alter zu sorgen, ist die Bürgerrente. Ansprüche erwerben Versicherte hier nicht über Erwerbsarbeit, sondern zunächst allein aus der Tatsache heraus, Einwohner eines Landes zu sein. In zahlreichen europäischen Ländern wird dies genau so praktiziert. Mit unterschiedlichen Resultaten. In Großbritannien ist diese Rentenzahlung bisher so niedrig gewesen, dass sie viele Rentner nicht vor Armut bewahrte. In anderen Ländern wie Schweden, den Niederlanden oder der Schweiz sind die Zahlungen großzügiger. So stehen allein lebenden Rentnern in den Niederlanden monatlich 1000 Euro zu, wer zu zweit lebt, bekommt aufgrund der niedrigeren Lebenshaltungskosten in einem Zwei-Personen-Haushalt etwas weniger. Zudem werden diese Basisrenten durch erwerbsbasierte, beitragsfinanzierte Renten wie in Deutschland ergänzt, so dass Bürger wirksam vor Altersarmut geschützt sind.

Auch für Deutschland haben Wissenschaftler, Gewerkschaften und Parteien die Idee einer Bürgerrente durchgespielt. Von der Bürgerversicherung der Grünen, an die jeder Bürger Beiträge entrichtet, und zwar nicht nur gemessen am Einkommen aus Erwerbstätigkeit, sondern auch aus Zinsen und Renditen, bis hin zur »Konzeption für ein universelles System der Alterssicherung«, die die IG Bau, eine der kleinen Einzelgewerkschaften im Deutschen Gewerkschaftsbund (DGB), bereits im Jahr 2000 vorgelegt hatte. Die starke IG Metall, in der fast 40 Prozent aller Gewerkschaftsmitglieder organisiert sind, überwiegend Männer, dürfte wenig Interesse an einem solchen Modell haben. Denn die nach Tarif bezahlten Mitarbeiter in der Metallindustrie fahren relativ gut mit dem jetzigen Rentensystem. Deshalb tauchen Forderungen nach einer Bürgerrente auch nicht in der im Mai 2016 ausgerufenen Rentenkampagne des DGB auf. Im Zweifelsfall ist die eigene Klientel wichtiger als eine effektive Sozialpolitik.

Auch die beiden Wirtschaftswissenschaftler Volker Meinhardt und Markus M. Grabka vom DIW haben die Strukturen einer universellen Bürgerrentenversicherung für Deutschland skizziert.[12] In ihrem Modell würde jeder Einwohner ab 18 Jahren Beträge entrichten: einen Mindestbeitrag, zu dem es bei Bedarf einen Zuschuss gibt, und einen prozentualen Beitrag bei höheren Einkommen. Die zweite Hälfte des Beitrags müsste wie bisher der Arbeitgeber zahlen. Weil auch für Einkommen oberhalb der Beitragsbemessungsgrenze Rentenbeiträge fällig würden, auf der anderen Seite aber Ausgabeposten wie die Hinterbliebenenversorgung und Beamtenpensionen wegfielen, könnte ihren Berechnungen zufolge der Beitragssatz zur Rentenversicherung von heute 18,7 Prozent um zwei bis fünf Prozentpunkte gesenkt werden.

Das am detailliertesten ausgearbeitete Modell einer Bürgerrente kommt von den katholischen Verbänden. Einerseits überraschend, andererseits auch wieder nicht. Denn die Katholiken – zu dem Verbund gehören unter anderem die Katholische Arbeitnehmer-Bewegung Deutschlands (KAB) und die Katholischen Frauengemeinschaft Deutschlands (KFD) – hatten sich beim Nachdenken über das deutsche Rentensystem klare Ziele gesteckt: Es ging ihnen um eine eigenständige Existenzsicherung auch für Frauen – ursprünglich eine Forderung der Gewerkschaftsfrauen aus den siebziger Jahren – und um die Anerkennung von unbezahlter Arbeit, wie die Erziehung von Kindern und die Sorge für Pflegebedürftige. Das liegt im Interesse der Kirche, wenn sie ihre Verantwortung ernst nimmt. Denn wie kann sie Nächstenliebe predigen und sich auf die ehrenamtliche Tätigkeit von Millionen Frauen stützen – und sie am Ende des Arbeitslebens womöglich dem Sozialamt überlassen?

Das Rentenkonzept der katholischen Verbände war auch eine Antwort auf den Wandel am Arbeitsmarkt seit den achtziger Jahren: Soziale Sicherung im Alter und Stärkung des solidarischen Ausgleichs im Rentensystem angesichts eines hochriskanten Arbeitsmarktes, lautete deshalb das allgemeiner formulierte Ziel. Bereits 2002 stellten die katholischen Verbände ihr »Drei-Stufen-Modell« der Öffentlichkeit vor:[13] Das erste Element ist eine solidarische Sockelrente, auf die, ähnlich wie bei der schwedischen Volkspension, jeder Einwohner Anspruch hat. Diese erste Stufe sichert das Existenzminimum – ohne beim Sozialamt vorstellig zu werden. Weitere Rentenzahlungen erwirtschaften die Versicherten in einer Pflichtversicherung für alle Erwerbstätigen. Deren Höhe würde, so wie in der heutigen gesetzlichen Rentenversicherung auch, das Einkommen, die Dauer der Beschäftigung, aber auch Erziehungszeiten (so wie die »Mütterrente«) widerspiegeln. Schließlich sieht das Rentenmodell der katholischen Verbände als dritte Stufe zusätzlich noch eine private und betriebliche Altersvorsorge vor.

Das Institut für Wirtschaftsforschung (ifo) und das Max-Planck-Institut für ausländisches und internationales Sozialrecht haben das Modell auf Herz und Nieren geprüft. Ihr Ergebnis: Es ist finanzierbar, auch aus rechtlicher Sicht spricht nichts dagegen. Die Umverteilungsdynamik, die sich ergibt, ist ähnlich wie bei den anderen Grundrenten-Modellen und den entsprechend angepassten Rentenformeln. Weniger Armut, mehr Gerechtigkeit: »Renten aus kontinuierlichen Erwerbsbiographien mit überdurchschnittlichen Einkommen [fallen] tendenziell geringer aus, Renten aus unterbrochenen Erwerbsbiographien mit unterdurchschnittlichem Einkommen fallen höher aus«,[14] heißt es in dem Prüfbericht. Für die Steuerzahler, die in diesem Modell identisch mit den Rentenversicherten sind, ergäben sich sogar Einsparungen, weil die »Grundsicherung im Alter« als Posten genauso wegfällt wie die Beamtenpensionen.

Ein Rentensystem, das nicht nur leistungsbezogen, sondern zugleich auch sozial ist, muss die Gesellschaft also nicht unbedingt mehr kosten. Das beweist auch der Blick auf die Ausgaben der europäischen Nachbarländer: Nach dem bereits mehrfach zitierten OECD-Bericht von 2015 geben die Schweden und Niederländer mit 7,4 beziehungsweise 5,5 Prozent des Bruttosozialprodukts weit weniger für das staatliche Rentensystem aus als Deutschland mit 10,6 Prozent. Frankreich und Österreich dagegen müssen über 13 Prozent investieren, allerdings sind die Renten in Frankreich im Durchschnitt auch fast doppelt so hoch wie in Deutschland. Ein krasses Rentengefälle im Herzen Europas.

Soziale Sicherheit: Privileg der Pensionäre und »Eckrentner«

Ob ein Ausgleich bei der Rentenberechnung eingeführt wird oder die Grundrente als Bremse nach unten – immer geht es darum, die Versicherten im Alter sozial abzusichern. Genau die Idee, für die auch die gesetzliche Rentenversicherung in Deutschland in ihren Gründungsjahren Ende des 19. Jahrhunderts stand. Und dieses Ziel steht keinesfalls im Widerspruch zum Leistungsgedanken: diejenigen, die mehr einzahlen, auch mit einer höheren Rente zu belohnen. Soziale Absicherung und eine Rente als Leistungsprämie sind in anderen Ländern ganz selbstverständlich die beiden Seiten derselben Medaille. In Deutschland werden sie als unvereinbare Gegensätze propagiert: Hier die gesetzliche Rentenkasse, die eine ganz bestimmte Art von Lebensleistung prämieren soll – was bei einem Rentenniveau von unter 50 Prozent und noch niedrigeren Lohnersatzraten inzwischen mehr als fraglich ist. Dort die Sozialleistung für diejenigen, deren Rente nicht reicht.

Unangetastet soll, zumindest nach dem Willen der Regierungsparteien, das Versorgungssystem für Beamte bleiben. Die Beamtenversorgung kennt übrigens im Gegensatz zur gesetzlichen Rentenversicherung eine Mindestversorgung in Höhe von 1400 Euro brutto monatlich. Bei den Beamten ist die Bremse nach unten also fest angezogen, bei allen anderen muss das Sozialamt einspringen. 1400 Euro Untergrenze bei der Beamtenpension, das ist fast doppelt so viel wie die Zahlung, die heutige Rentner im Durchschnitt aus der gesetzlichen Rentenkasse bekommen.[15]

Man muss in Deutschland also inzwischen anstatt von einem funktionierenden Drei-Säulen-Modell von einem Drei-Klassen-System der Altersversorgung sprechen: Auf der einen Seite die vielen kleinen Renten, die in Zukunft immer mehr Versicherte zum Sozialfall machen, auf der anderen Seite die auskömmlichen Renten für ausgewählte Versicherte, deren Lebensverlauf den Leistungsdaten des »Eckrentners« entspricht – und schließlich die – was die Höhe der Leistungen angeht – inzwischen vollkommen vom gesetzlichen Rentensystem entkoppelte Beamtenversorgung.

Diese Übersicht zeigt, auch wenn sie unvollständig bleiben muss, dass es eine Vielzahl unterschiedlicher Stellschrauben gibt, an denen die Politik drehen könnte, um die gesetzliche Rentenversicherung gerechter und – wie es im Politjargon heißt – »armutsfest« zu machen. Bisher sind sie nicht bedient worden, der Schraubenzieher liegt weitgehend ungenutzt im sozialpolitischen Werkzeugkasten. Natürlich könnte eine Rentenpolitik, die das Ziel Gerechtigkeit im Visier hat, nicht in jedem Fall verhindern, dass Einzelne durch das Raster fallen und im Alter auf Sozialhilfe angewiesen sind. Den allermeisten würde eine solchermaßen reformierte Rentenversicherung aber den brutalen sozialen Abstieg im Alter ersparen. Und damit zugleich das Vertrauen in die gesetzliche Rentenversicherung und ihre Legitimität stärken. Das sorgt für gesellschaftlichen Zusammenhalt und stärkt den Einzelnen zum Wohle der Gesellschaft. Denn wer keine Angst haben muss, im Alter an den Rand gedrängt zu werden, kann Durststrecken wie Arbeitslosigkeit oder Zeiten der Krankheit besser überstehen. Wer gelassen ist und nicht in Sorge gerät beim Blick auf die jährliche Renteninformation, ist für mutige Entscheidungen besser gewappnet – etwa Kinder zu bekommen, ohne schon einen sicheren und gut bezahlten Arbeitsplatz zu haben, oder auch mal eine Zeitlang beruflich kürzerzutreten, um Zeit für die Familie zu haben oder sich einem Ehrenamt zu widmen; und der riskiert es vielleicht auch, eine Anstellung, die zwar sicher und auskömmlich ist, aber unzufrieden macht, sausenzulassen, um ein Unternehmen zu gründen, eine Reise um die Welt zu unternehmen oder eine zweite Ausbildung in der Mitte des Lebens zu beginnen. Und, ja, auch sich von einem Mann loszusagen, der vielleicht ein gutes Einkommen mitbringt, das später ein sorgloses Alter verspricht, aber die Ehe trotzdem zur Hölle macht. Unter den aktuell geltenden Regeln der Alterssicherung ziehen solche Entscheidungen für die allermeisten ein bedrohliches, existenzielles Risiko nach sich. Viele scheuen es – zum Glück – trotzdem nicht. Aber es könnten mehr sein.

Soziale Rentenpolitik für mündige Bürger

Ein Grundrecht auf einen Arbeitsplatz, der eine gute Rente verspricht, gibt es genauso wenig wie ein Recht auf eine angemessene Wohnung – oder auf ein auskömmliches Alterseinkommen. Im Grundgesetz sind soziale Rechte nicht festgeschrieben und auch nicht einklagbar wie das Recht auf freie Meinungsäußerung oder die Versammlungsfreiheit. In Artikel 20 des Grundgesetztes legt die Verfassung jedoch fest, dass Deutschland ein demokratischer *und* ein sozialer Bundesstaat ist. Für sozialen Ausgleich zu sorgen gehört also zu den zentralen Aufgaben staatlicher Sozialpolitik. Diese Aufgabe ist in der Rentenpolitik in den letzten Jahrzehnten sträflich vernachlässigt worden. Allzu leichtsinnig hat man die Frage der Alterssicherung den Gesetzen des

Marktes, genauer des Arbeitsmarktes, überlassen. Wer nicht die gut bezahlten, sicheren Arbeitsplätze ergattert, hat im Alter das Nachsehen.

Frauen bekommen in Deutschland deshalb heute nur halb so viel Rente aus der gesetzlichen Rentenkasse wie Männer. Für die nächste Zukunft sieht es nicht viel besser aus. Erst wenn Frauen durch eine zusätzliche Witwenrente abgesichert sind, kommen sie heute im Durchschnitt in etwa auf die Rentenhöhe der Männer. Man könnte also zynisch hinzufügen: Warum hat die arme Rentnerin denn keinen Mann mit guten Rentenanwartschaften oder Versorgungsansprüchen geheiratet – und ist zeitlebens bei ihm geblieben? Dass die Alterssicherung für Frauen in Deutschland offenbar immer noch in hohem Maße vom Ehestand abhängt, ist ein Skandal. Schließlich hatte das Bundesverfassungsgericht diese Zustände bereits Ende der siebziger Jahre gerügt und der Politik den Auftrag erteilt, Frauen eine eigenständige Absicherung zu verschaffen – unabhängig von einem Ehepartner. Dafür hat die Politik bis heute kein überzeugendes Konzept vorgelegt. Allein über die Berufstätigkeit von Frauen wird jedenfalls auf absehbare Zeit weder das Problem der Altersarmut noch das der Rentenlücke zwischen den Geschlechtern gelöst werden. Und eine Bundesregierung, die sich zwar mündige Bürger wünscht, andererseits aber glaubt, sich des Problems dadurch entledigen zu können, dass sie Millionen Bürger im Alter ins Sozialamt schickt, macht sich unglaubwürdig.

Rentenpolitik muss endlich für einen Ausgleich zwischen den Geschlechtern sorgen und zwischen denen mit über- und unterdurchschnittlichen Einkommen. Diesen Auftrag hat der Staat schon qua Verfassung: Neben dem in Artikel 20 festgelegten Staatsziel »sozial« bekennt sich unser Land seit 1994 außerdem zur Durchsetzung des Gleichheitsprinzips. »Männer und Frauen sind gleichberechtigt« heißt es in

Artikel 3 der Verfassung. Und weiter: »Der Staat fördert die tatsächliche Durchsetzung der Gleichberechtigung von Frauen und Männern und wirkt auf die Beseitigung bestehender Nachteile hin.«

Eine leichte Aufgabe ist das nicht. Schließlich geht es um die Reform von Institutionen, die wie die Rentenversicherung auf eine über hundert Jahre lange Geschichte zurückblicken. Solche Institutionen sind träge. Sie sind der Ort, an dem Interessen- und Machtkämpfe ausgefochten werden. Und für die Durchsetzung von Einzelinteressen eignet sich ein Alterssicherungssystem wie das deutsche, in dem verschiedene Systeme wie die gesetzliche Rentenversicherung, die berufsständischen Versicherungen und die Beamtenversorgung parallel existieren, besonders gut. Unmöglich ist ein Ausgleich der Interessen aber nicht. Schließlich wurden mit der schrittweisen Vereinigung von Arbeiter- und Angestelltenversicherung im 20. Jahrhundert auch schon Klasseninteressen versöhnt. Warum sollte also, nach der verfassungsmäßigen Gleichstellung von Frauen, nicht auch Gerechtigkeit für Frauen bei der Alterssicherung möglich sein? Wir haben, wie die Rechtsprofessorin Ute Sacksofsky von der Goethe-Universität in Frankfurt/Main schreibt, die erste Stufe rechtlicher Diskriminierung überwunden: »Es finden sich kaum noch explizit Frauen benachteiligende Normen in der Rechtsordnung. Formale Gleichbehandlung ist weitgehend erreicht. Doch materielle Gleichberechtigung liegt noch in weiter Ferne.« Deshalb muss es nun um die zweite Stufe gehen: »In der jetzigen zweiten Phase muss sich Diskriminierungsbekämpfung mit den Institutionen der Gesellschaft beschäftigen, die zwar geschlechtsneutral konstituiert sind, aufgrund ihrer Auswirkungen aber tatsächliche Chancengleichheit verhindern.«[16]

Im Vorfeld der Bundestagswahl 2017 hat Deutschland nun eine neue Rentendebatte. Das Thema hat, nach vielen

Anläufen in den letzten Jahren, Fahrt aufgenommen. Gewerkschaften und Parteien beschäftigen sich damit – natürlich auch die Rechtspopulisten, die sich im Dienst ihres völkisch-nationalen Familienbildes selbst zum Retter des deutschen Rentensystems ernennen.

Mit der neuen Rentendebatte muss unsere Gesellschaft als Ganze den Mut zur Veränderung aufbringen und endlich die Chance nutzen, ein unsoziales und ungerechtes Rentensystem zu reformieren. Dafür reicht es nicht, nur über Betriebsrenten oder, als Nachfolger der Riester-Rente, über alternative Modelle der privaten Vorsorge zu streiten. Das sind Nebenschauplätze. Es reicht auch nicht, einfach nur das Rentenniveau bei den jetzigen 48 Prozent zu stabilisieren – wie vom Deutschen Gewerkschaftsbund und führenden Politikern der Regierungskoalition gefordert. Das ist reine Kosmetik. Mutige Entwürfe und intelligente Berechnungsmodelle für eine neue Rentenversicherung sind gefragt. Viele solcher Ideen liegen in den Schubladen bereit. Jetzt braucht es noch den Willen zur Einsicht, dass die Wirklichkeit das alte, auf 45 Jahren Vollzeitbeschäftigung basierende System längst überholt hat. Wir brauchen keine Schönheitsreparaturen, sondern einen Neustart für das Rentensystem. Mehr Gerechtigkeit statt Klientelpolitik. Mehr Würde statt Altersarmut. Die Rente ist zur Messlatte für die Solidarität in unserer Gesellschaft geworden.

Anmerkungen

Vorwort

1 Christina Bylow, Kristina Vaillant: Die verratene Generation. Was wir den Frauen in der Lebensmitte zumuten. München 2014.

2 Den offene Brief, den Gabriele Riedle am 26. November 2015 an die Vorstandsvorsitzende des Verlags Gruner und Jahr richtete, ist hier dokumentiert: http://www.taz.de/fileadmin/static/pdf/OffenerBriefanJuliaJaekel.pdf (zuletzt abgerufen am 27. Mai 2016)

Einleitung: Warum Altersarmut weiblich ist

1 Zum Vergleich: Unter den Rentnern beträgt der Anteil 32 Prozent in den alten Bundesländern und 17 Prozent in den neuen Bundesländern. Statistik der Deutschen Rentenversicherung – Rentenbestand am 31.12.2014.

2 Otker Bujard: Armut im Alter – ein Problem von gestern? Zur ideologischen Entsorgung der wachsenden sozialen Ungleichheit. In: Christoph Butterwege, Gerd Bosbach, Matthias W. Birkwald (Hrsg.): Armut im Alter. Probleme und Perspektiven sozialer Sicherung. Frankfurt/M. 2012, S. 83.

3 Rentenversicherungsbericht 2015, S. 18, Übersicht A3. Die Zahlen beziehen sich auf das Jahr 2014. https://www.bmas.de/SharedDocs/Downloads/DE/PDF-Pressemitteilungen/2015/rentenversicherungsbericht-2015.pdf?__blob=publicationFile&v=3 (zuletzt abgerufen am 22. April 2016)

4 Pressemitteilung des Statistischen Bundesamtes vom 6. August 2015, https://www.destatis.de/DE/PresseService/Presse/Pressemitteilungen/2015/08/PD15_280_221.html (zuletzt abgerufen am 11. April 2016)

5 Der Paritätische Gesamtverband: Zeit zu handeln. Bericht zur Armutsentwicklung in Deutschland 2016. Berlin, Februar 2016, S. 25.

6 Rentenversicherungsbericht 2015, S. 25. https://www.bmas.de/SharedDocs/Downloads/DE/PDF-Pressemitteilungen/2015/ren-

tenversicherungsbericht-2015.pdf?__blob=publicationFile&v=3 (zuletzt abgerufen am 22. April 2016)
7 Rentenversicherungsbericht 2015, S. 19.

1
Kein Schicksal – wie Arbeitsmarkt und Rentensystem Altersarmut produzieren

1 Stand 1. Juli 2015. Rentenversicherung in Zahlen 2015, S. 10, 12, http://www.deutsche-rentenversicherung.de/cae/servlet/contentblob/238692/publicationFile/61815/01_rv_in_zahlen_2013.pdf
2 Statistik der Deutschen Rentenversicherung. Rentenbestand am 31.12.2014. Band 202. Seite 18, Tabelle 23.00.
3 Name geändert.
4 Susanne Wanger: Erwerbsbeteiligung von Frauen. Mit halben Zeiten im Spiel. IAB-Forum 1/2009, S. 10–17, http://doku.iab.de/forum/2009/Forum1-2009_Wanger.pdf (zuletzt abgerufen am 26. Mai 2016)
5 Zahlen für 2011, Statistisches Bundesamt, Pressemitteilung vom 7. März 2013, https://www.destatis.de/DE/PresseService/Presse/Pressemitteilungen/2013/03/PD13_086_132.html (zuletzt abgerufen am 11. April 2016)
6 Lohndatenbank des Wirtschafts- und Sozialwissenschaftlichen Instituts (WSI) auf WageIndicator.de, http://wageindicator.de/main/lohnspiegel-spezial/zusatzinformationen/erzieher-innen; http://wageindicator.de/main/lohnspiegel-spezial/zusatzinformationen/pflegeberufe (zuletzt abgerufen am 11. April 2016)
7 Florian Blank, Susanne Schulz: Soziale Sicherung unter dem Brennglas – Altersarmut und Alterssicherung bei Beschäftigten im deutschen Sozialsektor, Friedrich-Ebert-Stiftung: WISO Diskurs, Januar 2015, http://library.fes.de/pdf-files/wiso/11144.pdf (zuletzt abgerufen am 11. April 2016)
8 Thomas Rhein: Deutsche Geringverdiener im europäischen Vergleich. IAB Kurzbericht 5/2013, http://doku.iab.de/kurzber/2013/kb1513.pdf (zuletzt abgerufen am 11. April 2016)
9 Studie des Wissenschaftszentrums Berlin (WZB). Vgl. WZB-Brief, August 2012.
10 Als Niedriglohn definieren internationale Organisationen wie OECD oder ILO einen Lohn, der geringer ist als zwei Drittel des mittleren

Lohns (Median). Nach Berechnungen des DIW beträgt der mittlere Stundenlohn in Deutschland 14,24 Euro.

11 Pressemitteilung des Wirtschafts- und Sozialwissenschaftliches Instituts (WSI) vom 7. Mai 2015, http://www.boeckler.de/pdf/pm_ta_2015_05_07_niedriglohnmonitoring.pdf (zuletzt abgerufen am 11. April 2016)

12 Barbara Riedmüller, Ulrike Schmalreck: Die Lebens- und Erwerbsverläufe von Frauen im mittleren Lebensalter. Berlin 2012, S. 11. Ihre Untersuchung bezieht sich auf die Geburtsjahrgänge von 1962 bis 1966. Die Zahlen beziehen sich auf die gesamte Bundesrepublik.

13 Julia Simonson, Nadiya Kelle, Laura Romeu Gordo, Markus M. Grabka, Anika Rasner, Christian Westermeier: Ostdeutsche Männer um 50 müssen mit geringeren Renten rechnen. DIW-Wochenbericht 23-2012, https://www.diw.de/documents/publikationen/ 73/diw_01. c.402024.de/12-23.pdf (zuletzt abgerufen am 25. Mai 2016)

14 Eine ausführliche Analyse dieser Entwicklung findet sich in dem Kapitel »Die Dienstleister der Nation«, S. 123–138, in: Bylow, Vaillant: Die verratene Generation. München 2014.

15 Christina Schröder, Caroline Waldeck: Danke, emanzipiert sind wir selber. Abschied vom Diktat der Rollenbilder. München 2011.

16 Bevölkerung Deutschlands bis 2060. 13. koordinierte Bevölkerungsvorausberechnung. April 2015, https://www.destatis.de/DE/Publikationen/Thematisch/Bevoelkerung/VorausberechnungBevoelkerung/BevoelkerungDeutschland2060Presse5124204159004.pdf?__blob=publicationFile (zuletzt abgerufen am 15. April 2016)

17 Handbuch zur deutschen Einheit. Frankfurt, New York 1999. Hrsg. v. Werner Weidenfeld und Karl-Rudolf Korte.

18 Franz-Xaver Kaufmann: Varianten des Wohlfahrtsstaates. Frankfurt/Main 2003, S. 285.

19 Simonson, Kelle u. a.: Ostdeutsche Männer um 50. DIW-Wochenbericht 23-2012.

20 Kornelia Hagen, Axel Kleinlein: »Zehn Jahre Riester-Rente: Kein Grund zum Feiern«, DIW-Wochenbericht 47-2011, S. 13, http://www.diw.de/documents/publikationen/73/diw_01.c.389132.de/11-47-1.pdf (zuletzt abgerufen am 15. April 2016)

21 Winfried Schmähl: »Vergangenheit, Gegenwart und Zukunft der Gesetzlichen Rentenversicherung: Verhinderung von Armut im Alter?« In: Butterwege u. a.: Armut im Alter. Frankfurt/Main 2012, S. 51.

22 Derselbe, S. 54.

2
125 Jahre nach Bismarck: Das Rentensystem ist dringend reformbedürftig

1 Siehe: Lebendiges Museum Online (Lemo): Die Sozialgesetzgebung, https://www.dhm.de/lemo/kapitel/kaiserreich/innenpolitik/sozialgesetzgebung (zuletzt abgerufen am 20. April 2016)

2 Vgl. Gerhard Bäcker, Ernst Kistler auf bpb.de (Bundeszentrale für politische Bildung), http://www.bpb.de/politik/innenpolitik/rentenpolitik/141486/bismarcks-sozialgesetze (zuletzt abgerufen am 20. April 2016)

3 Winfried Schmähl: »Vergangenheit, Gegenwart und Zukunft der Gesetzlichen Rentenversicherung«. In: Butterwege u. a.: Armut im Alter. Frankfurt/Main 2012, S. 44.

4 Vgl. Barbara Riedmüller: Frauen- und familienpolitische Leitbilder im deutschen Alterssicherungssystem. In: Schmähl u. a.: Alterssicherung von Frauen. Wiesbaden, 2000, S. 38.

5 Zitiert nach Eberhard Knobloch: »Finanz- und Versicherungswesen im Zeichen Leibniz'scher Auffassung von Gerechtigkeit«. Vortrag am 3. Dezember 2015, Berlin-Brandenburgische Akademie der Wissenschaften.

6 OECD – Pensions at a Glance 2015, http://www.oecd.org/publications/oecd-pensions-at-a-glance-19991363.htm (zuletzt abgerufen am 13. April 2016)

7 Siehe: Gender Datenreport des Bundesministeriums für Familie, Senioren, Frauen und Jugend (BMFSFJ), Teil 3: Erwerbseinkommen von Frauen und Männern, S. 88, http://www.bmfsfj.de/doku/Publikationen/genderreport/01-Redaktion/PDF-Anlagen/kapitel-drei,property%3Dpdf,bereich%3Dgenderreport,sprache%3Dde,rwb%3Dtrue.pdf (zuletzt abgerufen am 20. April 2016)

8 Willy Brandt: Erinnerungen. München 1992, S. 276.

9 Ausführlich zu beiden Gesetzen: http://www.arbeitnehmerkammer.de/cms/upload/Politikthemen/Arbeit_Soziales/2011-07-01_Niedriglohn_und_Rente.pdf (zuletzt abgerufen am 20. April 2016)

10 Pressemitteilung der Deutschen Rentenversicherung vom 2. Juli 2015, http://www.deutsche-rentenversicherung.de/Allgemein/de/Inhalt/4_Presse/infos_der_pressestelle/02_medieninformationen/01_pressemitteilungen/2015/2015_07_02_bvv_reimann.html (zuletzt abgerufen am 20. April 2016)

11 Rentenversicherung in Zahlen 2015, http://www.deutsche-renten-

versicherung.de/Allgemein/de/Inhalt/6_Wir_ueber_uns/03_fakten_und_zahlen/03_statistiken/02_statistikpublikationen/02_rv_in_zahlen.html (zuletzt abgerufen am 20. April 2016)

12 Rente mit 63 und betriebliche Reaktionen, Institut für Arbeitsmarkt- und Berufsforschung. Aktuelle Berichte, 9/2015, S. 5, http://doku.iab.de/aktuell/2015/aktueller_bericht_1509.pdf (zuletzt abgerufen am 20. April 2016)

13 Alexander Demling: Meine Mutter braucht keine Mütterrente. http://www.spiegel.de/wirtschaft/soziales/muetterrente-frauen-brauchen-rentengeschenk-nicht-a-959420.html (zuletzt abgerufen am 26. Mai 2016)

14 Katja Möhring: »Der Einfluss von Kindererziehungszeiten und Mütterrenten auf das Alterseinkommen von Müttern in Europa«. Vierteljahreshefte zur Wirtschaftsforschung, DIW Berlin, Heft 2, 2014, S. 139–155.

15 Vgl. Barbara Stiegler: »Care als geschlechterpolitische Herausforderung«. Vortrag auf der Fachtagung der Friedrich-Ebert-Stiftung am 19. April 2013: »Who Cares? And How? Auf dem Weg zu einer geschlechtergerechten Verteilung von Betreuungs- und Pflegearbeit«, http://www.fes.de/forumpug/inhalt/documents/PraesentationBarbaraStiegler.pdf (zuletzt abgerufen am 21. April 2016)

16 Pressemitteilung des Deutschen Instituts für Wirtschaftsforschung (DIW) Berlin vom 2. März 2016 http://diw.de/de/diw_01.c.528162.de/themen_nachrichten/auch_in_doppelverdiensthaushalten_vollzeiterwerbstaetige_frauen_leisten_deutlich_mehr_hausarbeit_als_maenner_unterschiede_verringern_sich_kaum.html (zuletzt abgerufen am 21. April 2016)

17 Hinterbliebenenrente: Hilfe in schweren Zeiten. Deutsche Rentenversicherung, Berlin 2011, S. 8. http://www.deutsche-rentenversicherung.de/cae/servlet/contentblob/251186/publicationFile/52242/hinterbliebener_hilfe_in_schweren_zeiten.pdf (zuletzt abgerufen am 26. Mai 2016)

3
Wie die Politik das Problem verschieben will

1 Rentenversicherungsbericht 2015, S. 25, https://www.bmas.de/SharedDocs/Downloads/DE/PDF-Pressemitteilungen/2015/rentenversicherungsbericht-2015.pdf?__blob=publicationFile&v=3 (zuletzt abgerufen am 11. Mai 2016)

2 Helma Sick, Renate Schmidt: Ein Mann ist keine Altersvorsorge. München 2015.

3 Vgl. Winfried Schmähl, S. 53. In: Butterwege u. a.: Armut im Alter. Frankfurt/Main 2012.

4 Vgl. Karl Brenke: Alleintätige Selbständige. DIW-Wochenbericht 7-2013, http://www.diw.de/documents/publikationen/73/diw_01.c.415654.de/13-7.pdf (zuletzt abgerufen am 11. Mai 2016)

5 Riedmüller, Schmalreck: Die Lebens- und Erwerbsverläufe von Frauen im mittleren Lebensalter. Berlin 2012, S. 66.

6 Vgl. Pressemitteilung des DIW zum Internationalen Frauentag am 8. März 2016.

7 Elke Holst, Anna Wieber: Bei der Erwerbstätigkeit der Frauen liegt Ostdeutschland vorn. DIW-Wochenbericht 40-2014, http://www.diw.de/documents/publikationen/73/diw_01.c.483778.de/14-40-5.pdf (zuletzt abgerufen am 14. April 2016)

8 Das ergab die Antwort des Bundesministeriums für Arbeit und Soziales auf eine Anfrage der Bundestagsabgeordneten Brigitte Pothmer, http://www.pothmer.de/fileadmin/media/MdB/pothmer_de/brigitte_pothmer_arbeitsmarktpolitische/2012_pothmer/PDF/Politische_Initiativen/151123_Auswertung_Vermittlung_F%C3 %B6rderung_Leiharbeit.pdf (zuletzt abgerufen am 15. April 2016)

9 Zweiter Gemeinsamer Bericht an den Deutschen Bundestag: Diskriminierung im Bildungsbereich und im Arbeitsleben, 2014, S. 182, http://www.antidiskriminierungsstelle.de/SharedDocs/Downloads/DE/publikationen/BT_Bericht/Gemeinsamer_Bericht_zweiter_ 2013.pdf;jsessionid=E12E00977696B617493047E80E08D118.2_cid332?__blob=publicationFile&v=3 (zuletzt abgerufen am 14. April 2016)

10 Name geändert.

11 Konjunkturbericht. Zur wirtschaftlichen Lage in Berlin. 2. Quartal 2015, S. 10 und Auskunft der Senatsverwaltung f. Wirtschaft, E-Mail vom 11. März 2016.

12 Katharina Diener, Susanne Götz, Franziska Schreyer, Gesine Stephan: Modellprogramm unterstützt die Berufsrückkehr nach langer Unterbrechung. IAB-Kurzbericht 14/2015, http://doku.iab.de/kurzber/2015/kb1415.pdf (zuletzt abgerufen am 14. April 2016)

13 Zusammenfassung der Ergebnisse des Pilotprojekts unter https://www.berlin.de/lb/ads/schwerpunkte/anonymisierte-bewerbungsverfahren/berliner-pilotprojekt/ (zuletzt abgerufen am 14. April 2016)

14 Pilotprojekt »Anonymisierte Bewerbungsverfahren«. Ergebnisse der Evaluierung durch die Kooperationsstelle Wissenschaft und Arbeits-

welt an der Europa-Universität Viadrina (KOWA) sowie das Institut zur Zukunft der Arbeit (IZA), Berlin, Bonn und Frankfurt/Oder 2012, S. 47, http://www.antidiskriminierungsstelle.de/SharedDocs/Downloads/DE/publikationen/AnonymBewerbung/Abschlussbericht-anonymisierte-bewerbungsverfahren-20120417.pdf?__blob=publicationFile&v=1 (zuletzt abgerufen am 11. Mai 2016)

15 Ebenda, S. 17.

16 »Machen Sie sich jetzt mal kein Bild«, Interview mit Stefan Bürkle von Eva-Marie Hommel, *KarriereSpiegel*, 11. April 2016, http://www.spiegel.de/karriere/berufsstart/so-funktioniert-die-anonyme-bewerbung-a-1085614.html (zuletzt abgerufen am 15. April 2016)

17 Hintergrundinformationen des DIW Berlin zur Einschätzung des Fachkräftemangels unter: http://www.diw.de/de/diw_01.c.434984.de/presse/diw_roundup/die_debatte_ueber_den_fachkraeftemangel.html (zuletzt abgerufen am 14. April 2016)

18 Der Arbeitsmarkt in Deutschland – Fachkräfteengpassanalyse. Dezember 2015, https://statistik.arbeitsagentur.de/Statischer-Content/Arbeitsmarktberichte/Fachkraeftebedarf-Stellen/Fachkraefte/BA-FK-Engpassanalyse-2015-12.pdf (zuletzt abgerufen am 14. April 2016)

19 Thomas Biegert: »On the outside looking in? Transitions out of non-employment in the United Kingdom and Germany«, Journal of European Social Policy February 2014 vol. 24 no. 1 3-18, http://esp.sagepub.com/content/24/1/3.abstract (zuletzt abgerufen am 14. April 2016)

20 Nachzulesen unter http://www.spiegel.de/spiegel/print/d-13512834.html (zuletzt abgerufen am 16. April 2016)

4
Was andere Länder besser machen

1 OECD – Pensions at a Glance 2015, http://www.oecd.org/publications/oecd-pensions-at-a-glance-19991363.htm (zuletzt abgerufen am 13. April 2016)

2 Franz-Xaver Kaufmann: Varianten des Wohlfahrtsstaates. Frankfurt/Main 2003, S. 182.

3 Auszug aus dem Kommissionsbericht: »The Beveridge Report: The Way to Freedom from Want«, http://www.nationalarchives.gov.uk/pathways/citizenship/brave_new_world/transcripts/freedom.htm (zuletzt abgerufen am 13. April 2016)

4 Eine garantierte Grundsicherung ohne amtliche Bedürftigkeitsprü-

fung gibt es in Dänemark, Finnland, den Niederlanden, Schweden und Großbritannien (Beveridge-System). In den Ländern der Europäischen Union, die dem Bismarck-System folgen, ersetzt die Rente nach der OECD-Studie »Pensions at a Glance« von 2015 aber einen wesentlich höheren Anteil des Verdienstes als in Deutschland. Wer 50 Prozent des Durchschnittslohns verdient, bekommt drei Viertel des Lohns aus der gesetzlichen Rentenversicherung, in Deutschland nur etwas mehr als die Hälfte.

5 Berechnung des Statistischen Bundesamtes zur Armutsgefährdung von Frauen ab 65 im europäischen Vergleich: https://www.destatis.de/Europa/DE/Thema/BevoelkerungSoziales/SozialesLebensbedingungen/Altersarmut.html (zuletzt abgerufen am 21. April 2016)

6 Traute Meyer: »Beveridge statt Bismarck! Europäische Lehren für die Alterssicherung von Frauen und Männern in Deutschland.« Friedrich-Ebert-Stiftung, Berlin 2013, http://library.fes.de/pdf-files/id/ipa/10411.pdf (zuletzt abgerufen am 13. April 2016)

7 Interview mit Prof. Dr. Traute Meyer am 4. Januar 2016 in Southampton.

5
Soziale Sicherheit im Alter – ein Bürgerrecht

1 Name geändert.

2 Vgl. Statistisches Bundesamt, Fachserie 16, Reihe 2.5: Verdienste und Arbeitskosten. 2014, https://www.destatis.de/DE/Publikationen/Thematisch/VerdiensteArbeitskosten/ReallohnNetto/NettoverdiensteModellrechnung2160250147004.pdf?__blob=publicationFile (zuletzt abgerufen am 26. Mai 2016)

3 Bericht aus Berlin, 17. April 2016, https://www.tagesschau.de/inland/bab-nahles-101.html (zuletzt abgerufen am 10. Mai 2016)

4 Siehe Bericht auf Tagesschau.de, https://www.tagesschau.de/inland/altersarmut-101.html (zuletzt abgerufen am 8. Mai 2016)

5 Kommentar nachzulesen auf der Website des von Axel Börsch-Supan geleiteten Munich Center für Enonomics of Ageing, http://www.mea.mpisoc.mpg.de/index.php?id=216&no_cache=1&tx_ttnews[tt_news]=334&cHash=920a5368a36345000f25fbbede0adbc4 (zuletzt abgerufen am 22. April 2016)

6 Sebastian Balzter: Arm auf dem Papier. *FAZ*, 21. Februar 2015, http://www.faz.net/aktuell/wirtschaft/wirtschaftspolitik/armut-

und-reichtum/armutsbericht-arm-auf-dem-papier-13442409.html (zuletzt abgerufen am 5. Mai 2016)

7 Vgl. Zeit zu handeln. Bericht zur Armutsentwicklung in Deutschland 2016. Der Paritätische Gesamtverband, S. 23, http://www.der-paritaetische.de/index.php?eID=tx_nawsecuredl&u=0&g=0&t=1464094952&hash=51987ecafcdac2114e2f3f9fdf5c6522a1131a94&file=fileadmin/dokumente/2016_armutsbericht/ab2016_komplett_web.pdf (zuletzt abgerufen 16. Mai 2016)

8 Vgl. Pressemitteilung des Statistischen Bundesamtes vom 6. August 2015, https://www.destatis.de/DE/PresseService/Presse/Pressemitteilungen/2015/08/PD15_280_221.html (zuletzt abgerufen am 24. April 2016)

9 Albrecht von Lucke: Generationengerechtigkeit als Kampfbegriff. *Blätter für deutsche und internationale Politik*, 9/2003.

10 Volker Meinhardt: Konzepte zur Beseitigung von Altersarmut. Expertise im Auftrag der Abteilung Wirtschafts- und Sozialpolitik der Friedrich-Ebert-Stiftung. Bonn 2011, http://library.fes.de/pdf-files/wiso/07804-20110217.pdf (zuletzt abgerufen am 4. Mai 2016)

11 Thomas Öchsner: Rentenpräsident warnt vor Altersarmut. *Süddeutsche Zeitung*, 7. Juni 2014, http://www.sueddeutsche.de/wirtschaft/reform-rentenpraesident-warnt-vor-steigender-altersarmut-1.1991057 (zuletzt abgerufen am 9. Mai 2016)

12 Volker Meinhardt: Wohin soll es mit der gesetzlichen Rentenversicherung gehen? Eine Bürgerversicherung wäre armutsverhindernd und finanzierbar. Vierteljahreshefte zur Wirtschaftsforschung. DIW Berlin. 2-2014, S. 49–59, https://www.diw.de/sixcms/detail.php?id=-diw_01.c.489276.de (zuletzt abgerufen am 9. Mai 2016)

13 Weiterführende Informationen unter http://www.buendnis-sockelrente.de/

14 Das Rentenmodell der katholischen Verbände. Kurzfassung der ifo-Studie, März 2007, S. 4, http://www.buendnis-sockelrente.de/ifo-Studie_kurzfassung_05-2007.pdf (zuletzt abgerufen am 3. Mai 2016)

15 Institut Arbeit und Qualifikation der Universität Duisburg-Essen, www.sozialpolitik-aktuell.de, http://www.sozialpolitik-aktuell.de/tl_files/sozialpolitik-aktuell/_Politikfelder/Alter-Rente/Datensammlung/PDF-Dateien/abbVII193.pdf (zuletzt abgerufen am 3. Mai 2016)

16 Ute Sacksofsky: Symmetrie, Gleichheit und Gender Studies. In: *Merkur*, 69, 2015, S. 39–47.

Dank

Auch ein Buch, das nur eine Autorin hat, ist ein Gemeinschaftswerk. Deshalb danke ich den vielen Experten, die ihr Wissen großzügig mit mir geteilt haben – insbesondere Kornelia Hagen, Volker Meinhardt und Traute Meyer sowie Pia Keukert und Bernhild Mennenga. Den Interviewpartnerinnen, die so offen aus ihrem Leben berichtet haben, danke ich für das Vertrauen, das sie mir entgegengebracht haben. Meinen Kolleginnen und Kollegen aus der Bürogemeinschaft textetage gebührt Dank, weil sie sich auf manches Gespräch zum Thema Rente eingelassen haben. Während des Schreibens intensiv begleitet hat mich Manfred Kriener. Seine Ratschläge und auch einige Formulierungen haben das Buch bereichert. Danken möchte ich auch Sabine Honigmann, die als Testleserin sämtliche Kapitel vorab gelesen hat, und der Lektorin Nadine Lipp, die auf den letzten Metern an meiner Seite war. Sie war nicht nur gründlich und zuverlässig, sondern auch eine kluge Kommentatorin.